# L'USAGE DE PHILON
## DANS L'ŒUVRE EXÉGÉTIQUE
## DE SAINT AMBROISE

# ARBEITEN ZUR LITERATUR UND GESCHICHTE DES HELLENISTISCHEN JUDENTUMS

HERAUSGEGEBEN VON

K. H. RENGSTORF

IN VERBINDUNG MIT

G. DELLING, H. R. MOEHRING, B. NOACK, H. M. ORLINSKY,
H. RIESENFELD, A. SCHALIT, H. SCHRECKENBERG,
W. C. VAN UNNIK, A. WIKGREN, A. S. VAN DER WOUDE

IX

Enzo Lucchesi

# L'USAGE DE PHILON DANS L'ŒUVRE EXÉGÉTIQUE DE SAINT AMBROISE

LEIDEN
E. J. BRILL
1977

# L'USAGE DE PHILON DANS L'ŒUVRE EXÉGÉTIQUE DE SAINT AMBROISE

## UNE «QUELLENFORSCHUNG» RELATIVE AUX COMMENTAIRES D'AMBROISE SUR LA GENÈSE

PAR

ENZO LUCCHESI

LEIDEN
E. J. BRILL
1977

ISBN 90 04 04898 7

*A ma mère Clara*

# TABLE DES MATIÈRES

# AVANT-PROPOS

Ma recherche se limite, bien entendu, à la série d'ouvrages exégétiques ambrosiens qui ont pu réellement subir une influence philonienne globale. L'activité exégétique de Philon étant restreinte au Pentateuque, ce sont naturellement les commentaires d'Ambroise sur la Genèse (le seul livre de la Loi commenté par celui-ci) qui m'intéressent d'abord ici et que je prendrai exclusivement en considération.

Je n'examinerai intentionnellement pas les dépendances philoniennes éventuelles qui ont trait soit à d'autres commentaires bibliques, soit à d'autres types d'écrits. A part les *Lettres* exégétiques qui réunissent à elles seules une centaine et plus d'emprunts plus ou moins littéraux, la plus grande partie de la matière du rapport général Ambroise–Philon va néanmoins entrer en ligne de compte et être épuisée dans cette revue.

Du reste, je ne me suis pas non plus préoccupé des *Lettres* au sujet desquelles il existe déjà une dissertation de G. Wilbrand. C'est à elle que je renvoie pour un complément d'informations.

\*

Je saisis l'heureuse occasion qui m'est ici offerte de dire toute ma gratitude au R. P. J.-D. Barthélemy, Professeur à l'Université de Fribourg (Suisse), pour m'avoir guidé et m'avoir apporté un soutien précieux dans mes efforts de jeune chercheur.

J'adresse aussi mes plus vifs remerciements au R. P. D. Van Damme, de la même Université, à M^lle Fr. Petit, au R. P. C. Mondésert, Directeur des «Sources chrétiennes» et co-éditeur des «Œuvres de Philon d'Alexandrie», ainsi qu'au regretté Cardinal J. Daniélou, qui, tous, à divers titres, m'ont conseillé, aidé et encouragé à la réalisation de cet ouvrage.

Je remercie encore tout particulièrement le Prof. K. H. Rengstorf, Directeur de l'«Institutum Judaicum Delitzschianum» à Münster

(Westf.), qui m'a fait le grand honneur d'accueillir cette modeste contribution dans la collection qu'il dirige.

Je tiens enfin à signaler que ce travail fut présenté en 1971 déjà, comme Mémoire de Licence en Théologie à l'Université de Fribourg (Suisse), mais qu'il a été depuis intégralement remanié et augmenté, pour voir le jour dans cette nouvelle présentation.

Genève, 7 avril 1975.

# ABRÉVIATIONS USUELLES

*Traités de Philon:*

| | |
|---|---|
| *Abr.* | De Abrahamo |
| *Aet.* | De Aeternitate mundi |
| *Agric.* | De Agricultura |
| *Alex.* | Alexander (De Animalibus) |
| *Cher.* | De Cherubim |
| *Congr.* | De Congressu eruditionis gratia |
| *Decal.* | De Decalogo |
| *Deter.* | Quod deterius potiori insidiari soleat |
| *Deus* | Quod Deus sit immutabilis |
| *Ebr.* | De Ebrietate |
| *Gig.* | De Gigantibus |
| *Her.* | Quis rerum divinarum heres sit |
| *Hypoth.* | Hypothetica (Apologia pro Iudaeis) |
| *Ios.* | De Iosepho |
| *Leg.* I, II, III | Legum allegoriae, I, II, III |
| *Migr.* | De Migratione Abrahami |
| *Mos.* I, II, III | De Vita Mosis, I, II, III |
| *Mutat.* | De Mutatione nominum |
| *Opif.* | De Opificio mundi |
| *Plant.* | De Plantatione |
| *Poster.* | De Posteritate Caini |
| *Praem.* | De Praemiis et poenis, de exsecrationibus |
| *Prof.* | De Profugis (De Fuga et inventione) |
| *Prov.* | De Providentia |
| *Quaest.* | Quaestiones et solutiones in Genesim |
| *Quaest. Ex.* | Quaestiones et solutiones in Exodum |
| *Sacrif.* | De Sacrificiis Abelis et Caini |
| *Sept.* | De Septenario |
| *Sobr.* | De Sobrietate |

| | |
|---|---|
| *Somm.* I, II | De Somniis, I, II |
| *Spec.* I, II–III, IV | De Specialibus legibus I, II–III, IV |
| *Virt.* | De Virtutibus |

Ces abréviations sont, dans l'ensemble, celles adoptées par la collection de Lyon.

*Commentaires d'Ambroise:*

| | |
|---|---|
| *Abrah.* I, II | De Abraham, I, II |
| *Bono* | De Bono mortis |
| *Cain* I, II | De Cain et Abel, I, II |
| *Fuga* | De Fuga saeculi |
| *Hex.* I–VI | Hexaemeron, I–VI |
| *Iacob* I, II | De Iacob et vita beata, I, II |
| *Ioseph* | De Ioseph |
| *Isaac* | De Isaac vel anima |
| *Noe* | De Noe (et arca) |
| *Par.* | De Paradiso |
| *Patr.* | De Patriarchis |

Les autres sigles employés sont trop connus pour qu'on s'y arrête.

# INTRODUCTION

Ambroise était consulaire de la Ligurie et de l'Emilie, quand, par acclamation populaire, il fut élu évêque de Milan. Sa province se trouvait être ainsi inopinément son diocèse. A la carrière politique, et celle-ci s'annonçait très brillante, le destinait la bonne éducation littéraire et juridique, ainsi que le prestige et la tradition de famille. Mais en lui rien ne laissait transparaître le nouveau pasteur.

Que des laïcs, versés dans les disciplines ecclésiastiques, aient été élevés à la dignité épiscopale, c'était alors relativement fréquent et cela n'a rien de bien spectaculaire; mais que ce brave gouverneur, intelligent et cultivé par ailleurs, fût appelé sans doctrine théologique préalable à diriger une des églises principales de l'Empire, sortait de l'ordinaire, à vrai dire, et on n'a pu ne pas y voir une intervention divine [1].

On a dit qu'Ambroise, en sa qualité de jeune fonctionnaire [2], s'était initié aux sciences religieuses, comme le laisserait entendre sa traduction, controversée du reste, de la *Guerre des Juifs (De Bello Judaico)* de Flavius Josèphe [3]. Toutefois, cette initiation, à supposer qu'elle ait eu lieu, devait être à tous égards faible et superficielle, à en croire Ambroise lui-même qui confesse candidement à ses clercs la situation

---

[1] Sur les circonstances assez exceptionnelles de cette désignation, voir Paulin de Milan, *Vita Ambrosii* 6 (éd. Pellegrino, pp. 56–58).

[2] Entre les années 367 à 375 (à Sirmium?).

[3] Si cette traduction, qui passe pour l'œuvre d'un nommé Hégésippe, lui était critiquement attribuable, il s'ensuivrait qu'Ambroise aurait également composé un soi-disant commentaire des quatre livres des Rois: «Quattuor libros Regnorum quos scriptura complexa est sacra, etiam ipse stilo persecutus usque ad captiuitatem Iudaeorum murique excidium et Babylonis triumphos historiae in morem composui», *De Excidio urbis Hierosolymitanae*, Prol. (CSEL LXVI, 3, 1–4). Si c'était vrai, cela nous renseignerait précieusement sur l'activité exégétique d'Ambroise avant son élection à l'épiscopat. Concernant le Pseudo-Hégésippe, voir la récente mise au point de Lampe, *Zum Hegesipp-Problem*.

paradoxale où l'avait entraîné sa nouvelle charge, toute tentative de s'y soustraire s'étant avérée inefficace [1].

Le néo-évêque, auquel avaient été conférés en hâte et non sans contrainte les sacrements de l'initiation chrétienne – il était encore catéchumène – et les ordres sacrés, prit vite conscience de son insuffisance dans le domaine de la théologie et s'empressa d'acquérir la culture prodigieuse dont témoignent ses innombrables écrits.

Saint Augustin nous a laissé une image émouvante du saint évêque milanais entièrement absorbé dans ses études, au point de ne plus s'apercevoir de la présence d'autrui [2].

Son premier souci fut d'abord de se renseigner sur les synthèses ou essais de synthèse que des génies chrétiens avaient auparavant donnés à l'Eglise. Le genre littéraire le plus apprécié et le plus en vogue était alors sans comparaison le commentaire biblique [3].

En parfait connaisseur de la langue grecque [4], c'est avant tout vers les Grecs que vont ses préférences, comme à ceux qui avaient fait nette preuve de supériorité sur les Latins, bien que ces derniers aient déjà donné naissance à une abondante et remarquable littérature avec notamment Tertullien, Cyprien et Hilaire [5].

Philon, Origène et Basile le Grand, en matière d'exégèse, sont ses maîtres incontestés et favoris, pour lesquels il manifeste une admiration béate, à côté d'une foule d'auteurs sacrés et profanes [6].

---

[1] *De Officiis ministrorum* I, 1, 4: «Ego enim raptus de tribunalibus atque administrationis infulis ad sacerdotium, docere vos coepi, quod ipse non didici. Itaque factum est ut prius docere inciperem, quam discere. Discendum igitur mihi simul et docendum est; quoniam non vacavit ante discere» (PL xvi, 24B–25A). Cf. *De Paenitentia* II, 8, 72 (CSEL lxxiii, 192, 46ss.).

[2] Voir *Confess.* VI, 3, 3 (CSEL xxxiii, 116, 25ss.). Sur le temps et sur la manière d'écrire propre à S. Ambroise, cf. *Vita Ambrosii* 38 (éd. Pellegrino, p. 104) et, d'Ambroise lui-même, *Epist.* 47, 1–2 *ad Sabinum* (PL xvi, 1150B–C).

[3] Tous les ouvrages d'Ambroise, même les plus dogmatiques et doctrinaux qui soient, foisonnent de citations scripturaires, étant donné l'autorité sans limites accordée à l'Ecriture.

[4] Il est peut-être ici opportun de noter qu'il y a divers noms grecs dans la famille d'Ambroise, y compris le sien, sans pour autant vouloir en inférer qu'elle avait des antécédents helléniques proches (cf. Palanque, *S. Ambroise*, pp. 4–5).

[5] Je fais observer qu'Hippolyte, quoique occidental, d'adoption tout au moins, écrit encore normalement en grec.

[6] A rappeler, parmi les auteurs juifs ou chrétiens: Flavius Josèphe, Hippolyte, Eusèbe de Césarée, Athanase, etc., parmi les auteurs classiques grecs ou

Le résultat inévitable de cette formation hâtive et tardive est, certes, le caractère peu original, mais jamais impersonnel, de ses productions à lui, du moins quant au contenu. Ambroise ne s'est pas gêné pour puiser largement chez les grands écrivains orientaux et occidentaux, en passant, bien sûr, sous silence leurs propres noms, comme beaucoup d'anciens avaient d'ailleurs coutume de faire [1].

Nous risquerions donc de commettre un anachronisme et nous donnerions l'impression de méconnaître la valeur authentique et indiscutable de notre auteur, si nous portions sur lui un jugement trop sévère. Néanmoins, cette attitude apparemment servile d'Ambroise qui ne transposait pas uniquement des pensées ou des idées générales, mais des phrases entières, jusque dans leur structure grammaticale, ne dut pas non plus plaire aux anciens. Tel Jérôme qui, avec sa virulence coutumière, l'accusa ouvertement de plagiat [2].

Il ne faudrait surtout pas lui en faire grief. Les limites réelles de son exégèse étaient dues nécessairement au manque sérieux, mais involontaire, de préparation scientifique adéquate dont un Jérôme,

---

latins: Platon, Salluste, Virgile, Cicéron, etc. (cf. Dudden, The life and times..., vol. I, pp. 7–8 et 113–114).

Les citations païennes qui côtoient souvent une source majeure, quand elles ne passent pas à travers elle, ne sont que de simples réminiscences de lettré et témoignent de l'excellente formation classique d'Ambroise. Ce ne sont donc pas des sources à proprement parler.

[1] Et nous verrions davantage encore cette dépendance ou filiation littéraire, si les générations successives nous avaient conservé intacts tous les trésors de l'antiquité chrétienne.

[2] *Libri Didymi de Spiritu sancto interpretatio*, Praef.: «Et ut auctorem titulo fatear: malui alieni operis interpres existere, quam (ut quidam faciunt) informis cornicula, alienis me coloribus adornare. Legi dudum cujusdam libellos de Spiritu sancto: et juxta Comici sententiam ex Graecis bonis, Latina vidi non bona... Certe qui hunc legerit, Latinorum furta cognoscet: et contemnet rivulos, cum coeperit haurire de fontibus» (PG xxxix, 1032A–1034 A); *Homiliarum XXXIX Origenis in Evang. Lucae translatio*, Prol.: «... cum a sinistro oscinem corvum audiam crocitantem, et mirum in modum de cunctarum avium ridere coloribus, cum totus ipse tenebrosus sit. Fateor itaque, antequam ille objiciat, in his Origenem tractatibus quasi puerum talis ludere...» (GCS, Origenes, IX, 2, 2ss.). Si encore c'est bien Ambroise qui est visé par ces allusions. Voir aussi la notice sèche et partiale du *De Viris inlustribus* 124 (PL xxiii, 751B). Sur les causes qui demeurent obscures des relations peu amicales, pour le moins qu'on puisse dire, entre les deux grands docteurs latins, voir Paredi, *S. Gerolamo e S. Ambrogio* (textes relatifs à cette célèbre inimitié recueillis et commentés).

par exemple, pouvait se dire véritablement pourvu [1]. Il n'aurait en outre pas eu le temps matériel de créer ni le loisir de s'appliquer à produire du nouveau et de l'inédit. Son souci dominant est celui d'un évêque-écrivain: pastoral et catéchétique. En quoi il réussit singulièrement. Ambroise ne perd jamais de vue la réalité concrète et banale à laquelle il est affronté. Il est moraliste avant d'être exégète ou théologien. Il est poète à ses heures.

Aussi ne faudrait-il pas croire que ses ouvrages les plus tributaires au point de vue genèse soient de pures «traductions» plates et mornes. Il est en cela assez habile et fécond, pour ne pas vouloir s'asservir inconditionnellement à ses sources [2]. Grâce à son art de savoir parfaitement adapter les leçons au public auquel il s'adresse [3], il arrive à faire œuvre sincère d'originalité à partir d'éléments surannés. Il imprime au texte un caractère personnel.

Ce qui fait plus que tout son individualité propre, c'est le style incomparable et unique qui, d'une prose toujours soutenue, s'élève facilement à la haute poésie [4]. Là réside sans démenti l'originalité d'Ambroise.

---

[1] Il est indéniable qu'à lui aussi sont imputables de tels larcins. C'est dire combien peu rigide était pour l'époque la notion de droit d'auteur. Indubitablement, Ambroise a dû abuser d'une pratique tacitement généralisée.

[2] Bien à propos, Lazzati, *Il valore letterario*, p. 86: «Non suole citare, prende il testo che gli interessa e lo rielabora, più o meno, inserendolo nel discorso come cosa sua non senza avergli impresso, in genere, sue note personali. Quando fa questo è perchè egli trova il testo altrui così consonante al suo pensiero e al suo sentimento da essere portato quasi istintivamente, come fa per la Scrittura, a farlo proprio e ad esprimersi attraverso di esso. Questo modo di fare corrispondeva anche ad un uso del tempo che non aveva certo al proposito concezioni quali abbiamo noi.»

[3] Souvenons-nous que les commentaires écrits étaient, à quelques exceptions près, d'abord et principalement des homélies prononcées devant les fidèles. On sent parfois que l'auteur n'a pas pu faire la dernière retouche et on a l'impression d'entendre le langage parlé, ce qui, loin de nuire, donne un éclat et une vivacité sans pareil. Pour la genèse littéraire des traités exégétiques ou autres en tant que réélaborations écrites de catéchèses orales sténographiées, voir Palanque, *St. Ambroise*, Append. II: *Recherches sur la genèse des œuvres de saint Ambroise*, pp. 435–479; Dudden, *The life and times...*, vol. II, pp. 678–710; Lazzati, *L'autenticità del «De Sacramentis» e la valutazione letteraria delle opere di S. Ambrogio*; Pizzolato, *Sulla genesi della «Explanatio Psalmorum XII» di Ambrogio*; enfin Hagendahl, *Die Bedeutung der Stenographie*, pp. 36–38.

[4] «... il valore dell'opera esegetica del vescovo milanese non sta nella novità ed originalità del suo contenuto, per il quale è debitore ai suoi maestri, ma nel suo modo espressivo», Lazzati, op. cit., p. 99.

Après avoir ainsi dissipé d'éventuels préjugés et reconnu les mérites d'un grand écrivain, je peux, sans plus de préambules, aborder mon étude, qui est de déterminer en quoi consiste au juste cette influence massive de Philon et à quoi elle doit se borner, pour faire place à d'autres prototypes.

Mais, avant d'entrer dans le vif du sujet, je chercherai tout d'abord à esquisser le mode de réception de la source juive par Ambroise.

# I.

# HISTOIRE DE LA TRADITION TEXTUELLE
# DU CORPUS PHILONIEN

Ambroise est le plus grand usager de Philon, parmi les Pères de l'Eglise [1], et Philon est le plus grand inspirateur (notoire) des commentaires bibliques d'Ambroise [2]. Et même si nous admettons, comme on le verra, une dépendance non moindre à l'égard d'Origène, c'est un Origène tout imprégné de pensée philonienne, si bien que c'est Philon qui passe souvent à travers lui.

---

[1] Cinq cents sont environ les références probables à Philon regroupées par Schenkl, éditeur d'Ambroise dans le corpus de Vienne (CSEL XXXII, P. 1. 2), seulement dans les commentaires sur l'Ancien Testament, à l'exclusion des Psaumes. Si à cela on ajoute 100 et quelques renvois du même type répartis entre les livres I à VI des *Lettres* (éd. Faller, CSEL LXXXII), on atteint facilement un total de 600, quoique ce ne soient là que des données statistiques approximatives et provisoires. Clément d'Alexandrie vient, me semble-t-il, juste après lui avec environ 300 emprunts repérés dans presque tous les traités conservés de Philon. Peut-être attribuerions-nous le second rang, voire le premier, à Origène, si la perte quasi totale de ses travaux exégétiques ne nous en empêchait la confrontation. En tout état de cause, l'usage de Philon par les deux Alexandrins n'est pas uniforme et continuel, comme il ressort qu'il est de règle pour Ambroise, mais très libre et très inégal.

[2] Ce que saint Jérôme dit humoristiquement de Philon et Platon: «de hoc, *sc.* Philone, vulgo apud Graecos dicitur, Ἢ Πλάτων φιλωνίζει, ἢ Φίλων πλατωνίζει: id est, aut Plato Philonem sequitur, aut Platonem Philo: tanta est similitudo sensuum et eloquii», *De Viris inlustribus* 11 (PL XXXIII, 659B), pourrait commodément s'appliquer, «mutatis mutandis», à Ambroise et Philon. Ce qui a fait dire à Aucher: «Fit eo pacto, ut quemadmodum quibusdam *Philo* erat *alter Plato;* ita nobis *Ambrosius* est *Philo christianus*» (*Paralipomena Armena*, Praef., p. v). Je me plais encore à citer Schenkl: «ac re uera quae Tullius ad Atticum (XII 52, 3) scripsit de libris suis ad philosophiam spectantibus, quos tam breui temporis spatio confecit: 'dices: qui talia conscribis? ἀπόγραφα sunt: minore labore fiunt; uerba tantum adfero', ea de... libris suis iure dicere potuit Ambrosius» (*S. Ambrosii opera*, CSEL XXXII, P. 1, Praef., p. XXIII).

Rien d'étonnant donc si Ambroise, malgré son génie authentiquement latin, s'est laissé enthousiasmer par ce genre d'exégèse allégorisante qui se réclamait de Philon. Il ne faisait que continuer une longue tradition officielle qui avait débuté bien avant Clément d'Alexandrie. On a démontré la parenté très étroite de Philon avec l'auteur de l'*Epître aux Hébreux* [1].

Il ne faut pas oublier que si l'œuvre grandiose et imposante du savant juif a, en mesure appréciable, survécu à l'usure du temps, c'est incontestablement grâce aux chrétiens qui l'ont très tôt christianisé, jusqu'à en faire un évêque [2]. Son autorité a merveilleusement servi à leur apologétique contre ses coreligionnaires qui, outrés de cela, ont même, à un moment donné, essayé de l'expurger, afin de le rendre inoffensif [3].

Se pose alors ici le problème de la transmission du texte de Philon. Comment Ambroise l'a-t-il reçu? A défaut de critères externes, c'est par des critères internes que nous allons pouvoir y répondre. Pour ce faire, il est bon de retracer brièvement l'histoire de la tradition textuelle du corpus philonien.

Il est prouvé que les manuscrits médiévaux de Philon (le plus ancien datant du Xe siècle) proviennent tous indistinctement d'un même archétype [4]. En effet, on a mis en lumière des corruptions ou interpolations communes à eux tous. Cet archétype semble ne faire qu'un

---

[1] Voir notamment Spicq, *Le philonisme de l'Epître aux Hébreux*, et Williamson, *Philo and the Epistle to the Hebrews*.

[2] Il est en effet plus d'une fois désigné dans les *Catenae* sous le lemme Φίλωνος ἐπισκόπου. De même, Jérôme range Philon parmi les «hommes illustres» dans son histoire de la littérature chrétienne. Non autrement s'exprime Cohn, *Philonis Alexandrini opera*, vol. I, Proleg., p. I: «Philonis Alexandrini memoria a Iudaeis non minus quam a paganis fere neglecta tota pendet ab ecclesia Christiana. nam cum doctrina moralis et Testamenti veteris interpretandi ratio Philonis cum sacris ecclesiae Christianae libris maxime conspirare viderentur, ab antiquis scriptoribus ecclesiasticis eius opera studiosissime lecticata atque usurpata sunt.»

[3] C'est bien ainsi que Barthélemy explique, à juste titre, nombre de retouches furtives qu'une main juive a intentionnellement fait glisser dans le texte original. Ce retoucheur est identifié au mieux avec un lettré juif proche collaborateur d'Origène, en la personne du rabbin Hoshaya Rabba (voir *Qui censura le Commentaire Allégorique?*, pp. 45–57 et 66–76); voir en outre Katz qui prenait erronément parti pour un chrétien de l'école d'Antioche à situer vers le Ve siècle (*Philo's Bible*, pp. 116–121).

[4] «codices omnes ex uno archetypo derivatos esse pro certo affirmari potest», Cohn, vol. I, Proleg., p. XXXVII.

x

avec les papyri de la bibliothèque de Césarée fondée par Origène et Pamphile et restaurée par Acace et Euzoios, évêques de la ville (de 338 à 363 et de 376 à 379 respectivement) [1]. On lit en effet dans le *codex Vindobonensis Theol. gr. 29*, avant le livre *Opif.*, les mots suivants en forme de croix grecque : Εὐζόιος ἐπίσκοπος ἐν σωματίοις ἀνενεώσατο. L'expression latine *in membranis instaurare* des lieux déjà cités de la *Lettre à Marcella* et du *de Viris inlustribus* de Jérôme en est la traduction exacte [2].

Ensuite, on a remarqué avec raison [3] que des traités philoniens catalogués par Eusèbe [4] qui a dû vraisemblablement consulter à cet effet la bibliothèque césaréenne, près d'une quinzaine ont disparu par la suite ou ne subsistent plus que très fragmentairement [5], mais qu'aucun de ceux qui n'y figuraient pas [6] ne s'est retrouvé depuis dans les manuscrits médiévaux.

Il semble, d'autre part, qu'il faille dissocier des papyri-archétype apportés d'Alexandrie à Césarée par Origène, ceux qui furent diffusés à la même époque (IIIe s. [7]) en Haute (Coptos) et Moyenne-Egypte (Oxyrhynque) où ils ont été découverts [8]; et cela malgré les avis contraires de Cohn [9] et Wendland [10].

---

[1] Jérôme, *Epist.* 34, 1 *ad Marcellam* (CSEL LIV, 260, 5–7); *de Vir. inl.* 113 (PL XXIII, 746B).

[2] Cohn résume bien le point, vol. I, pp. III–IV.

[3] Voir Schürer, *Geschichte...*, vol. III, p. 643.

[4] *Hist. eccles.* II 18, 1–8 (GCS, Eusebius, II 1, 153–157).

[5] Ce sont trois livres de *Quaest. Ex.* sur cinq, deux livres de *Leg.* sur quatre (?), trois livres de *Somn.* sur cinq, le *De Tabernaculo*, le *Quod omnis insipiens servus sit* et trois livres de *Hypoth.* (*De Iudaeis*), une apologie des Juifs.

[6] Il s'agit d'un Περὶ μισθῶν, d'un Περὶ διαθηκῶν en deux livres, d'un Περὶ ἀριθμῶν et de deux biographies sur Isaac et Jacob, tous connus par référence explicite de Philon lui-même.

[7] Date fixée par Hunt (*The Oxyrhynchus Papyri*, p. 16) contre Scheil qui proposait une date beaucoup trop basse (*Deux traités de Philon*, pp. III–IV).

[8] Voir Barthélemy, art. cit., pp. 58–60: «Si l'on veut remonter plus haut dans l'histoire de la tradition textuelle, il importe de noter que le plus ancien usager des œuvres de Philon dont nous possédons encore les écrits est Clément d'Alexandrie... Il est donc très vraisemblable que ce fut au didascalée d'Alexandrie, sous Pantène ou sous Clément, que l'œuvre de Philon, ou du moins ce que l'on en put regrouper, fut sauvé de l'abandon où les juifs hellénophones la laissaient. C'est là que le savant juif renié par son peuple fut promu père de l'Eglise et que dut être constituée la collection-archétype d'où dérivèrent d'un côté les papyri de Coptos et d'Oxyrhynque, de l'autre les papyri apportés à Césarée par Origène» (p. 60).

[9] Vol. I, p. XLIVs.     [10] Vol. III, pp. III, XI.

L'étude critique des retouches juives que je viens de signaler, retouches dont par ailleurs les papyri égyptiens et les citations de Clément sont demeurés indemnes, c'est ce qui a permis à Barthélemy [1] de remonter à deux éditions césaréennes distinctes. Ces atteintes ont affecté onze traités du soi-disant *Commentaire Allégorique*. Les manuscrits médiévaux qui, pour trois d'entre eux [2], ne connaissent plus que leur forme retouchée font communément alterner pour les huit autres [3], les traités retouchés aux traités non retouchés. L'ordre a donc été irrémédiablement brouillé.

Malgré cela, des constantes typiques permettent de reconnaître et de distinguer immédiatement entre forme retouchée et non retouchée de quelques-uns de nos huit traités dimorphes. *Cher.* et *Agric.* par exemple, sous leur forme retouchée, sont toujours amputés de toute la seconde partie du texte. Les séquences elles-mêmes de ces types de traités sont aussi relativement stables dans les huit chefs de file auxquels on peut ramener les quelque trente collections manuscrites mixtes du Moyen-Age.

Ainsi est-il possible de discerner nettement deux séquences originelles plus ou moins entrecoupées que Barthélemy désigne par ω et α–β. La séquence α–β, qui est celle ayant subi des retouches, semble en effet avoir été divisée dès sa parution en deux tronçons, *Virt.* [4] faisant, pour ainsi dire, fonction de trait d'union.

Ces deux séquences sont clairement le reflet de deux éditions consécutives dont l'édition α–β, atteinte par le retoucheur, demande l'antériorité sur l'autre, ω, non-retouchée [5].

---

[1] Art. cit., pp. 57–66. Il n'est du reste pas démuni de fondement le fait qu'un juif ait pu librement agir dans le scriptorium d'Origène: «On peut observer d'emblée qu'il n'est absolument pas surprenant qu'un lettré juif ait eu à intervenir dans les productions du scriptorium d'Origène à Césarée. Quoi qu'en ait dit Eusèbe, Origène ne savait pas l'hébreu... La présence continuelle d'un lettré juif fut sûrement nécessaire à Origène pour la réalisation des hexaples qu'il avait conçus... Le personnel du scriptorium de Césarée ne comprenait donc pas seulement les tachygraphes, les copistes et les demoiselles calligraphes salariées par son ami Ambroise. Un ou plusieurs lettrés juifs y eurent leur place, des années durant», ibid., pp. 66–67.

[2] *Plant., Sobr.* et *Her.*

[3] *Leg., Cher., Gig., Deus, Agric., Congr.*, le premier livre de *Somn.* et *Virt.*

[4] «dont le dernier traité *(de Nobilitate)* aurait servi de conclusion au premier tronçon (α) et qui aurait été repris tout entier comme introduction au second tronçon (β)», Barthélemy, *Qui censura...*, p. 64.

[5] «La priorité chronologique de l'édition α–β peut se conclure de deux indices. D'abord du fait que la collection des traités était encore plus complète à l'époque

«Pour conclure, disons que tout se passe comme si deux éditions du Commentaire Allégorique, chacune amputée de certains traités, avaient quitté par deux voies différentes le scriptorium de Césarée. L'une de ces éditions avait été divisée en deux codices α et β et onze de ses traités avaient subi les retouches clandestines d'un rabbin orthodoxe de faible culture grecque, tandis que deux d'entre eux étaient amputés de la moitié de leur texte. L'autre édition ω offrait un texte sans retouches juives: celui qu'attestent les papyri égyptiens et les citations de Clément, Origène et Eusèbe. On notera pourtant que manquaient dans cette seconde édition non retouchée huit des traités qui avaient fait partie de la première. Il lui manquait le *Quod deterius potiori insidiari soleat*, le *de Posteritate Caini*, le *de Plantatione*, le *de Ebrietate*, le *de Sobrietate*, le *de Confusione linguarum*, le *Quis rerum diuinarum heres sit* et le *de Fuga et inuentione*. Je vois dans cette disparition de huit traités, comme dans les caractéristiques textuelles de certains des présents, un indice que la seconde édition (ω) dérive de la copie d'Euzoios et qu'elle est chronologiquement postérieure à la première (α–β). Quoique de moindre qualité en général, la première édition garda pourtant un intérêt pour les scribes médiévaux, du fait qu'elle offrait seule certains traités qui manquaient dans la seconde. Voilà ce qui explique que la plupart des collections médiévales fassent alterner des tronçons empruntés à l'une et à l'autre édition»[1].

*Sacrif.* est l'un des traités les mieux attestés de tout le corpus philonien. Sans doute, parce qu'il est apparu très vite et à très juste titre comme un spécimen très réussi de l'Alexandrin. Il figure en effet dans la première et dans la seconde édition de Césarée, représentées respectivement par UF et PAM, dans le codex G, non identifié[2], et enfin

---

où on la réalisa. Puis du fait que l'intervention d'un rabbin dans les productions du scriptorium de Césarée, si elle se comprend très bien à l'époque d'Origène (ce que nous allons démontrer), est beaucoup moins explicable après que Pamphile, Eusèbe, Acace et Euzoios eurent repris en mains le sort de la bibliothèque», Barthélemy, p. 66, n. 3.

[1] Ibid., pp. 65–66.

[2] Il est le seul à mélanger les séquences α et ω. Les deux familles qui restent, soit *H* le plus riche en manuscrits et *pré-N* perdu où le copiste de *N* a puisé ses excerpta, sont les formes les plus éclectiques des deux traditions (α–β et ω) et, à ce titre, négligeables (voir la «répartition des deux éditions césaréennes

dans le plus ancien témoin direct de la tradition manuscrite, le papyrus de Coptos (Pap) qui nous a conservé en outre *Her.* non représenté
par UF [1]. Ce dernier ne serait pas totalement ignoré, mais peu considéré, d'Ambroise de Milan [2] qui, à l'inverse, s'inspire à tel point de
*Sacrif.*, qu'il serait presque à propos de parler de traduction.

Les pages qui suivent auront pour but de conclure, après avoir
passé en revue les diverses variantes et retenu celles qui sont les plus
typiques, si le manuscrit de Philon qui est à la base de *Cain* et dont
Ambroise fait un usage constant, est susceptible d'être rangé dans
l'une des familles textuelles connues ou si éventuellement, il a une
place de témoin isolé, ne pouvant se rattacher à aucune d'entre elles.

J'essaierai dans un premier moment de repérer les points de rencontre du commentaire latin avec chacune des variantes prises séparément ou avec plusieurs en même temps contre tous les autres témoins
discordants, puis je donnerai les résultats qui découleront de ma
recherche philologique [3].

Il est bien clair que deux conditions sont requises pour cela: il se
peut en effet que, d'une part, on soit en présence d'une variante intéressante, mais que, d'autre part, Ambroise n'ait pas porté spécialement
son attention sur l'endroit où se trouve justement cette variante; et
vice versa, si bien que notre champ de possibilités s'en trouve passablement limité.

J'ai délibérément écarté de mon analyse les citations bibliques. S'il
arrive, tel est exactement le cas, qu'Ambroise donne une péricope

---

du «Commentaire Allégorique» entre les divers types de manuscrits médiévaux
de Philon», en Barthélemy, art. laud., tableau p. 63).

[1] Ces deux traités, copiés ensemble mais ne se suivant pas de près, devaient
faire l'objet d'un intérêt singulier. «Considéré (le papyrus) sans doute aux temps
anciens comme chose très précieuse, il avait été clos dans une niche», écrit
Scheil dans la Préface à la transcription du papyrus, *Deux traités de Philon*,
p. III.

[2] Etant diversement représenté, d'après ce qui apparaît au premier contact,
d'une part en *Abrah.* II (deux seuls emplois, au demeurant fort suspects et
n'ayant aucun poids réel), de l'autre, avec bien davantage de consistance et
d'apparence, en trois des *Lettres* exégétiques. Même ici, où le «littéralisme» de
l'imitation semblerait aller de soi, s'agit-il vraiment d'une source directe?
(cf. p. 85, n. 3). Voir une tentative de réponse à cette question dans mon récent
article *Utrum Ambrosius Mediolanensis...*

[3] Je prends pour référence des textes philonien et ambroisien, les éditions critiques communes de Cohn et Wendland, d'une part, et de Schenkl, d'autre
part. Les chiffres arabes renvoient aux pages et aux lignes des éditions respectives. *Sacrif.* figure dans le volume premier.

sensiblement plus longue que celle que nous lisons en Philon [1], c'est là
la meilleure preuve que notre évêque se servait toujours et uniquement
de la *Vieille Latine* [2].

| Pap | Ambr. |
|---|---|
| 211, 7: ἀπαιδαγώγητοι παιδιαί (παιδειαι Pap., iotacismus?) | 350, 9–10: sine paedagogo disciplinas |
| 247, 9-10: ἑορτὴ γὰρ... ἡ ἐν ἀρεταῖς εὐφροσύνη τελείαις (τελειαις Pap: τελεία codd., sed D = Sacra Parallela ut Pap.) | 384, 7–8: festus autem... est, ubi perfectarum uirtutum gratia est |

| UF | Ambr. |
|---|---|
| 228, 6–7: καθάπερ (καθάπερ καὶ UF) ὁ ἀσκητὴς Ἰακώβ | 366, 21: sicut... et Iacob |
| 237, 2: γὰρ... ἐν γένει (UF: εν γενεσει Pap: ἕν ἐστιν ceteri) ἡ ἀρετή | 396, 15: uirtus enim genus est |
| 237, 3–4: φρόνησιν καὶ σωφροσύνην καὶ ἀνδρείαν καὶ δικαιοσύνην (UF: καὶ δικαιοσύνην om. Pap, καὶ δικαιοσύνην καὶ ἀνδρείαν PAMG) | 396, 16–17: prudentia temperantia fortitudo iustitia |
| 245, 11–12: ὅσα..., πάντα ἐστὶν ἄρρενα (ἄρρενα]ἀρσενικὰ UF) καὶ τέλεια | 380, 8–9: quaecumque..., ea sunt masculina atque perfecta |
| 255, 18: κατ' ἐκεῖνον μόνον (μόνον add. UF (Pap?): om. ceteri) τὸν χρόνον | 392, 3–4: ad unum diem |

| Pap UF | Ambr. |
|---|---|
| 222, 6: τοῦ περιττοῦ (Pap UF: περὶ τὸν ceteri) Ἰοθὸρ | 360, 22–361, 1: Iothor, qui dicitur superfluus |
| 222, 9–10: παρὸ (παρὸ] παρ' ᾧ PAMG) καὶ ἀκολουθεῖ «βδέλυγμα Αἰγυπτίων εἶναι. προβάτων ποιμένα» (*Gen.* 46, 34) | 361, 3–4: ideoque Aegyptiis abominationi erant pastores ouium |
| 225, 10: ὁλόκληρον δὲ... ἀρετὴ καὶ αἱ κατ' ἀρετὴν πράξεις (Pap UF: ἡ κατ' αὐτὴν πρᾶξις ceteri) | 363, 19–20: perfecta autem uirtus est et opera uirtutis |
| 229, 2: λόγου δὲ ὀξυκινητότερον (ὀξυκινητότερον Pap UF: εὐκινητότερον ceteri) οὐδὲν | 367, 7: omni gladio acutius est (uerbum) |

---

[1] Voir 225, 3–7 C(ohn) et 363, 8–18 S(chenkl). Sauf indication contraire,
c'est à la Iᵃ pars du t. XXXII de cette dernière édition qu'il sera fait renvoi
constant (pages et lignes) dans mes citations.

[2] Le thème sera amplement débattu plus bas (se reporter à la fin du chapitre,
pp. 21–22, ainsi qu'au chapitre VI, pp. 97–100).

14 AMBROISE ET SON USAGE DE PHILON

231, 10–11 : ὅταν γε τῶν ἀνθρωπείων (ἀνθρωπείων Pap UF : ἀνθρώπων ceteri)
μηδὲν ἀρχῇ

232, 2 : τὸ δ' ἕτερον (UF (Pap?) : τὸ δὲ
δεύτερον ceteri) τοιοῦτον ἦν

238, 4 : οἱ τροφῇ θείᾳ (Pap UF : προφη-
τείᾳ ceteri) τὴν ψυχὴν τραφέντες τῷ
λεγομένῳ μάννα

241, 11 : ὥπερ οἱ ἐχῖνοι (ἐκεῖνοι ceteri)

373, 6–7 : ubi autem humana subsidia
defecerint

373, 8–9 : aliud... uitium discutiamus

397, 24ss. : hunc cibum menti nostrae
deferamus, qui... cor hominis sicut
illud caeleste manna confirmet

375, 6 : uelut echini

PAM

230, 17 : τὴν ὁμαλότητα (ὁμαλότητα Pap
UFG : ἁπαλότητα ceteri) τῆς ἀθεότητος

Ambr.

368, 5ss. : otiosus et neglegens morae
etc.

PAMG

205, 4–5 : δηλοῖ... νοῦν ἀθάνατον (δηλοῖ-
ἀθάνατον om. UF : νοῦν ἀθάνατον] ην
θανατον Pap)

205, 8–9 : οὐκ ἐκλιπὼν (Pap UF : ἐκλείπων ceteri) προστίθεται ὥσπερ οἱ πρό-
τεροι

236, 2 : ἐν ἅπαντι μὲν γὰρ ἀταξίας ἄμεινον (ἄμεινον Pap UF : ἀμείνων ceteri)
ἡ τάξις

Ambr.

343, 1 : Beata... mens

343, 21–22 : non legimus de eo sicut
de ceteris quia deficiens mortuus est

396, 7 : in omni enim confusione melior distinctio

Pap PAM UF

208, 3–4 : τὰ χρόνου πρεσβεῖα οἴσεται κα-
κία, τὰ δὲ... εὐκλείας (εὐκλείας] εὐλα-
βείας G) ἡ ἀρετή

228, 4 : τοῦ ἀγενήτου καὶ ἀφθάρτου τὸ Πά-
σχα (τὸ Πάσχα] τὸ πάσχειν G) εἴρηται

Ambr.

347, 8–9 : habet illa (malitia) aetatis
stipendium, uirtus autem preroga-
tiuam gloriae

366, 18 : pascha domini dicitur

Pap PAMG

205, 14–16 : βασιλέως κοινήν τινα ἡρετὴν
(om. UF)... καθ' ἥν... ἡγεμονεύσει
τῶν... παθῶν

216, 13–14 : τὸ δὲ δοκοῦν τῶν παρ' ἐμοὶ...
δυσκολίαν ἔχειν καὶ χαλεπότητα (χα-
λεπότητα] λεπτότητα UF)... λέξω

219, 11 : τῷ πανσόφῳ Ἰσαὰκ δίδωσι τὰ
ὑπάρχοντα πάντα (πάντα om. UF)

221, 19–222, 2 : σώματός τε καὶ αἰσθή-
σεων (αἰσθήσεως UF)... ἀφηγήσασθαι

222, 7–8 : ἄγων... εἰς ἐρημίαν (ἐρημίαν]
ἑρμηνείαν UF)

Ambr.

343, 19 : carnem... regia quadam auc-
toritate castigans

358, 23–24 : ut et hoc quod laborio-
sum in nostris ducitur non praete-
ream

359, 11–12 : omnem operum suorum
deputans hereditatem sapienti et
iusto uiro

360, 15 : inperitare corpori et sensibus
eius

361, 1 : ageret in desertum

222, 12–13 : τοὺς διδασκάλους καὶ παιδα-
γωγοὺς καὶ... νουθετητὴν καὶ σωφρο-
νιστὴν λόγον (λόγον] ἀγαθόν UF)
224, 11 : ἐπιλήσῃ θεοῦ (θεοῦ] σύ UF)
227, 9–10 : ἔπεψαν... τὸ σταῖς (σταῖς] ταῖς
UF, στᾶς M)..., ὃ ἐξήνεγκαν ἐξ Αἰγύπτου,
ἐγκρυφίας ἀζύμους (Exod. 12, 39)

228, 6 : ταχέως οὖν αὐτὸ (αὐτὸν UF) ἀνα-
ζήτησον, ὦ ψυχή
239, 1–2 : ἀντὶ δὲ... δευτερείων... πρῶτα
(πρῶτα] τοιαῦτα UF)
242, 9–10 : μυρία γὰρ... ἀνθρώπων γένει
(γένει om. UF) δεδώρηται
245, 13–14 : ὅσα..., ὑπὸ ἀναρχίας ὥσπερ
(ὑπὸ-ὥσπερ om. UF) πόλιν (πόλιν] πάλιν
UF) τὸ σῶμα ἡμῶν διόλλυσι

Codd.

202, 6–7 : δύο τοίνυν δόξας εἶναι... ἐναν-
τίας καὶ μαχομένας (καὶ μαχομένας] δια-
μαχομενας Pap) ἀλλήλαις
203, 13–14 : τινα (τινος Pap) τοῦ μέλλον-
τος πολέμου... προάγωνα
204, 12–13 : γένος... ἓν τὸ (τὸ] τω Pap A)
ἀνωτάτω
206, 5 : τὴν... μετανάστασιν (μεταναστην
Pap) ψυχῆς... κατανοῆσαι
207, 12–13 : ἄχρις ἂν ἡ... ἀκμῆς ἡλικία
(ηλικιαν Pap) τὸν ζέοντα φλογμὸν τῶν
παθῶν σβέσῃ
224, 11–12 : πότε οὖν οὐκ (om. Pap?)
ἐπιλήσῃ θεοῦ; ὅταν μὴ ἐπιλάθῃ σεαυτοῦ
224, 13–15 : τὸν δὲ ἑαυτὸν νομίζοντα τῶν...
ἀγαθῶν (om. Pap) αἴτιον σωφρονίζει
τὸν τρόπον τοῦτον
226, 3 : ἀπερίγραφος (απογραφος Pap)...
ὁ θεός
230, 13 : ἦχον καὶ ψόφον ἔρημον (ἔρημον]
ημερον Pap) καὶ κενὸν πραγμάτων ἀπο-
τελούσαις (βατράχοις)
237, 2–3 : κατὰ (κατὰ] και τα Pap) εἴδη...
τέμνεται
246, 10 : ἀπαρχαὶ (ἀπαρχαὶ] απαρχεται
Pap) δέ εἰσιν (εἰσιν om. Pap UF) ἅγιαι
(ἅγιαι] αν αι Pap: αἱ ἅγιαι UF) (χινή-
σεις)
251, 11–12 : ἄφεσις ψυχῇ (ψυχῇ] η ψυχη
Pap) δουλείας... προκηρύττεται

361, 5–6 : disceptatorem uerbi docto-
remque uirtutis

362, 18–19 : obliuisceris Dominum
369, 18–19 : coxere conspersum quod
extulerant de Aegypto subcinericia
facientes azyma, quae graece ἐνκρύ-
φια dicunt
366, 20–21 : cito igitur hoc quaere,
anima
374, 3 : non secunda, sed prima
376, 5–6 : multa enim ad usum sub-
stantiae largitur humanae
380, 9–13 : quaecumque..., uelut ci-
uitatis..., quae regis optimatiumque
consilio priuata sit, ita corporis...
statum... dissolutione effeminant

Ambr.

340, 8–9 : duae itaque sectae sunt...
conpugnantes inuicem et contrariae
sibi
340, 23 : discordiam quandam
342, 15 : superni... generis, quod est
unum
344, 1 : ut translationem... eius intel-
legas
347, 2–3 : ubi maturior aetas succes-
serit, tamquam pubescentis lasci-
uiae tempestate discussa
362, 18–19 : tunc ergo obliuisceris dominum, cum oblitus fueris tui
362, 22 : disce nunc quemadmodum
unusquisque moneatur, ne se ipse
auctorem... putet bonorum
365, 7 : inmensus deus

367, 24–368, 1 : ranis... sonum inanem
rerum et strepitum uanum red-
dentibus
396, 15–16 : diuiditur in... species

382, 1–2 : primitiae spiritales sunt

388, 18–19 : (sermo remissionis pec-
catorum) animam seruitute exuat

Pour résumer, Ambroise entretient des relations plus ou moins étroites avec tous les témoins de la tradition, sauf G. Les voici classés par ordre de décroissance des contacts possibles: 12 avec Pap PAMG (contre UF); 12 avec les codices (contre Pap); 8 avec Pap UF (contre PAMG); 5 avec UF (contre Pap PAMG); 3 avec PAMG (contre Pap UF); 2 avec Pap (contre les codices); 2 avec Pap UF PAM (contre G); 1 avec PAM (contre Pap UF G). Cela revient à dire qu'Ambroise s'éloigne 21 fois de Pap; 18 fois de UF; 16 fois de G; 15 de PAM.

De toute évidence, Ambroise ne peut dépendre directement ni de la première, ni de la seconde édition de Césarée, et encore moins de G. Des ressemblances et des discordances à la fois le montrent bien. Si Ambroise semble tantôt lire avec une famille et tantôt s'en écarter, pour se rapprocher de l'autre, et le phénomène est d'autant plus caractéristique qu'il se produit à l'intérieur d'une même phrase, cela prouve qu'il y a une source commune à découvrir.

Quant à G, je n'ai relevé aucun rapport spécial avec Ambroise. On peut certes l'éliminer ou le réduire, dans le cas présent, aux éditions césaréennes, sauf qu'il en diffère formellement deux fois.

Si donc Ambroise concorde en même temps et avec la classe UF (Césarée I), en échappant à des corruptions communes à PAM (Césarée II), et avec la classe PAM, en échappant à des corruptions communes à UF, on est, dans ce cas-là, forcé de remonter à l'origine même de ces deux éditions césaréennes. Il est, en d'autres termes, nécessaire d'admettre un archétype commun [1].

---

[1] La seule difficulté pourrait naître du fait qu'Ambroise appuie parfois une leçon de UF ou de PAM, alors précisément que Pap donne raison à l'autre partie. Il ne faut tout de même pas donner trop d'importance à cette question de détail, car, dans des cas semblables, Ambroise peut à la rigueur être arrivé à un tel résultat en partant de la même écriture des témoins dont il se sépare. Par exemple, lorsqu'Ambroise rend ἐν ἅπαντι μὲν γὰρ ἀταξίας ἄμεινον ἡ τάξις (236, 2 C) par: *in omni enim confusione melior distinctio* (396, 7 S), en appuyant ainsi l'ἀμείνων de PAM contre Pap UF, il s'est peut-être passé quelque chose de ce genre: le styliste a épuré et essayé de rendre plus élégante une formule peu heureuse qui, traduite à la lettre, aurait été celle-ci: *in omni enim confusione melius distinctio*. D'ailleurs, il est absurde que Pap ait été atteint par des corruptions propres à une seule édition de Césarée. Il semble qu'il faudrait, dans ce cas-limite, envisager la possibilité de plusieurs archétypes à la base ou d'un retour à l'original par voie de rectifications successives. Je préfère, pour ma part, imaginer que, dans ces situations paradoxales, les mêmes corruptions sont entrées de manière tout à fait fortuite et sans lien logique apparent.

Mais cet archétype auquel Ambroise semble aussi se rattacher, faut-il l'identifier avec les papyri de la bibliothèque d'Origène et de Pamphile? C'est de ces papyri en effet, comme on l'a déjà constaté avant, que dérivent tous nos codices dénombrés. Les prémisses de ce premier sondage sembleraient tout au moins n'autoriser aucune autre conclusion raisonnable. Car le papyrus de Coptos qui n'en dépend certainement pas s'apparente spécifiquement avec Ambroise deux fois seulement au cours de cette statistique. Argument trop fragile, pourrait-on ainsi faire valoir, pour en déduire qu'il faut remonter plus haut que les manuscrits origéniens sur papyrus. Il serait donc plus prudent, suivant les éléments dont on dispose à présent, de faire dériver la *Vorlage* grecque de Philon dont Ambroise a fait ici usage du même archétype que les manuscrits médiévaux.

Si ce n'est que, outre les deux cas formels d'entente avec Pap contre tous les autres témoins directs de la tradition, Ambroise échappe de manière concluante au moins à une corruption et à une lacune communes à Pap et aux codices. Un troisième cas, aussi de lacune, me fait hésiter davantage, mais je le retiens quand même comme probant. Voici les textes en parallèle:

|  |  |
|---|---|
| Pap + codd. | Ambr. |
| 247, 8–9: οὐκ ἀφαιροῦντες οὐδὲ διανέμοντες, ἀλλ' ἔμπλεα καὶ ὁλόκληρα καὶ τέλεια προσάγοντες (ἀφαιροῦντες-διανέμοντες-προσάγοντες Mangey: ἀφαιροῦντας-διανέμοντας-προσάγοντας codd. et Pap) | 384, 6–7: nihil detrahentes neque dispertientes, sed plena et integra et perfecta offerentes (detrahentes-dispertientes-offerentes: nominavit.) |
| 203, 1–2: τὴν δὲ τῷ θεῷ ἑπομένην ὡς αὐτοῦ δημιουργίαν οὖσαν (ὡς αὐτοῦ δημιουργίαν, om. οὖσαν, UF: δημιουργίαν οὖσαν αὐτοῦ, om. ὡς, ceteri, omnia om. Pap; locus corruptus vel potius lacunosus est) | 340, 12–14: altera quae tamquam operatori et creatori omnium deo defert et eius tamquam parentis atque rectoris subdit omnia gubernaculo (integrum locum legisse videtur Ambrosius [1]) |
| 205, 4–7: δηλοῖ δὲ καὶ ἕτερον τοιοῦτον*** νοῦν ἀθάνατον (δηλοῖ-ἀθάνατον om. UF: post τοιοῦτον in Pap quattuor lineae vacuae relictae, lacunam hiare manifesto declarantes: νοῦν ἀθάνα- | 343, 1–3: Beata et illa mens, quae species et ipsum genus supergrediens meretur audire quod dictum est ad Moysen cum separaretur a populo: tu autem sta mecum (Am- |

---

[1] Colson restitue ainsi à partir du passage correspondant d'Ambroise: τὴν δὲ τῷ θεῷ ἑπομένην καὶ ἐπ' αὐτὸν πάντα ἀναφέρουσαν ὡς πατέρα καὶ ἡγέμονα (*Philo*, vol. II, p. 94, n. 1).

τον] ην θανατον Pap). εἰσὶ δὲ οὓς ἀνω-
τέρω προαγαγὼν εἴδη μὲν καὶ γένη πάντα ὑπερπτῆναι παρεσκεύασεν, ἵδρυσε
δὲ πλησίον ἑαυτοῦ, καθὰ καὶ Μωυσῆς
ᾧ φησι · «σὺ δὲ αὐτοῦ στῆθι μετ' ἐμοῦ» (Deut. 34,5).

brosius, integrum licet textum non
servet, lacunam tamen videtur non
invenisse)

Or, nous savons que soit les papyri d'Origène, soit le papyrus de
Coptos, réciproquement indépendants, mais appartenant à une forme
textuelle proche, tirent leur commune origine du didascalée d'Alexandrie très vraisemblablement. Ceci a donc pour conséquence qu'Ambroise est étranger à Césarée non seulement, mais encore au didascalée
lui-même dont la collection du corpus philonien constituée sous Pantène ou Clément est le *fons communis et ultimus* auquel on peut
remonter du papyrus égyptien et des codices issus de la bibliothèque
d'Origène à Césarée [1]. Il représente, autrement dit, une artère de la
transmission textuelle de Philon indépendante et parallèle à l'autre
ramification et remontant en un sens plus haut que le didascalée.

D'après cela, la tradition manuscrite philonienne serait à reconstituer, dans ses grandes lignes, sur le *stemma* que voici:

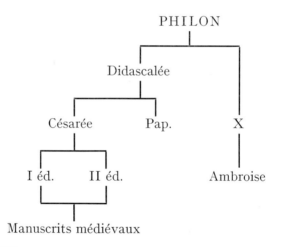

---

[1] Disons, si l'on veut, que de Pantène, fondateur du didascalée et probable
éditeur chrétien de Philon, à l'époque où furent exécutés sur la même copie
les papyri d'Origène qui prirent le chemin pour Césarée et le papyrus de Coptos
(IIIe siècle), en passant, bien sûr, par Clément, il peut y avoir eu entre-temps
des «rééditions» et que la recension ambrosienne peut être en effet dérivée d'une
copie précédente. Mais une commande venant de l'Occident au didascalée est
beaucoup moins compréhensible avant que celui-ci pût jouir d'une renommée
mondiale sous la direction d'Origène. Malheureusement, une confrontation

Ambroise serait donc le seul témoin subsistant d'une branche de la tradition textuelle de Philon plus ancienne et plus intègre que celle passant par Césarée, dans ce sens qu'il échappe aux corruptions propres à l'archétype du didascalée, tout en ayant inévitablement celles propres à sa famille. Bref, il doit être élevé au rang de témoin isolé, son chef de file étant plutôt à rechercher du côté de l'Egypte que du côté de Césarée. Mais, puisque Ambroise s'éloigne du didascalée d'Alexandrie et que c'est de là pratiquement que se répandit après, avec Origène, l'œuvre philonienne, c'est bien avant que Philon eût été monopolisé par le didascalée, que la transmission a dû s'effectuer de l'Egypte vers l'Occident. Comment cela se fait-il?

C'est une notice, que je lis dans l'*Histoire ecclésiastique* d'Eusèbe, qui me met sur la voie: Οὗτος (Φίλων) μὲν οὖν κατὰ Γάϊον ἐπὶ τῆς Ῥώμης ἀφικόμενος τὰ περὶ τῆς Γάϊου θεοστυγίας αὐτῷ γραφέντα, ἃ μετὰ ἤθους καὶ εἰρωνείας Περὶ ἀρετῶν ἐπέγραψεν, ἐπὶ πάσης λέγεται τῆς Ῥωμαίων συγκλήτου κατὰ Κλαύδιον διελθεῖν, ὡς καὶ τῆς ἐν βιβλιοθήκαις ἀναθέσεως θαυμασθέντας αὐτοῦ καταξιωθῆναι τοὺς λόγους [1].

Si cela est exact, et nous n'avons pas de motifs sérieux qui nous empêchent de le croire, les manuscrits de Philon circulaient dans les bibliothèques d'Italie du vivant même de l'auteur. J'inclinerais à penser que c'est de Rome (le *X* de mon stemma) que les copies auraient été importées à Milan. C'est de cette même source que Justin martyr a dû probablement recevoir les œuvres de Philon, en s'en inspirant dans les siennes [2]. Mais chez lui on ne peut parler que d'influences très extérieures [3]. Et c'est peut-être à partir de ces mêmes originaux qu'a été faite la *vieille version latine* dont je reparlerai au dernier chapitre lui étant consacré. Il est donc possible qu'Ambroise ait connu Philon par la filière romaine.

---

d'Ambroise avec Clément n'est guère possible, parce que leurs emprunts textuels portant des variantes intéressantes de *Sacrif.* et *Her.* (Pap) ne coïncident jamais.

[1] II, 18, 8 (GCS, Eusebius, II 1, 156, 14–19).
[2] Voir P. Heinisch, *Der Einfluß Philos...*, in loc.; cf. Waszink, *Bemerkungen zu Justins Lehre vom Logos spermatikos* (fréquence de la même image dans les écrits de Philon).
[3] Il y a, sans cela, le fait non moindre qu'il était originaire de l'Orient, ce qui donne force à l'hypothèse qu'il ait pu, dans tous les cas, entrer en contact avec les initiateurs de l'exégèse alexandrine et faire la connaissance des écrits de Philon avant d'émigrer à Rome.

Nous ne sommes malheureusement pas renseignés de manière adéquate sur la formation théologique d'Ambroise après l'élection épiscopale. Il y a cependant toutes les chances que le bon prêtre Simplicianus qui a préparé le saint au baptême ait poursuivi son enseigne-
ment après l'ordination de l'élève auquel il succédera plus tard sur
le siège de la métropole [1]. On sait que Simplicianus avait séjourné
longtemps à Rome et qu'il y avait été en grande familiarité avec
Marius Victorinus dont la tendance néo-platonicienne n'est ignorée
de personne [2]. Serait-ce à Rome que Philon, imitateur assidu de Platon, aurait été découvert, lu et étudié dans les milieux chrétiens de
la ville, parallèlement à Alexandrie, probablement déjà à l'époque de
Justin? [3]. Ce serait alors sur le conseil de Simplicianus, c'est-à-dire en
passant par «Rome», qu'Ambroise aurait fait la connaissance de Philon et aurait eu accès à son œuvre.

Cette hypothèse n'est certainement pas dénuée de toute vraisemblance. Mais indépendamment de sa valeur intrinsèque et du crédit
qu'on voudra bien lui prêter, Ambroise, pour sa part, cache sûrement
des leçons originales, mais nous ne saurions toujours le savoir avec
certitude, parce que nous ne possédons pas de documents directs plus
anciens que le papyrus de Coptos, copié au troisième siècle par une
main chrétienne, comme le prouvent les *compendia,* pour qu'on puisse
faire une confrontation vraiment avantageuse [4].

Je signale encore ici deux lieux où Ambroise est le seul témoin ou
presque d'une lecture différente de celles de la tradition:

---

[1] Cf. *Epist. ad Simplicianum* 7 (Maur. 37), 1 (CSEL LXXXII, 44, 11ss.).

[2] Voir Palanque, *Saint Ambroise...*, p. 22 et n. 86, et Courcelle, *Recherches...*,
pp. 137–138.

Sur Victorin et ses rapports avec le néoplatonisme, voir l'étude magistrale
de Hadot, *Porphyre et Victorinus:* l'œuvre du philosophe romain, tardivement
converti au christianisme, n'irait pas même sans certaines convergences de
pensée avec Philon. Sur sa vie et son œuvre, voir Idem, *Marius Victorinus.*

[3] Des rapprochements philoniens peuvent également être envisagés avec la
*Prima Clementis* (cf. Jaeger, *Echo eines unerkannten Tragikerfragments in Clemens' Brief an die Korinther*, pp. 336–338: Clément de Rome aurait usé d'une
réminiscence littéraire de *Opif.* au ch. XX de son épître).

[4] Il resterait, c'est vrai, Clément d'Alexandrie, mais sa position est trop
manifestement et directement liée au didascalée, pour servir grandement à
cette fin. Cf. observation à la p. 18, n. 1.

227, 18–19: τὸν σάρκινον ὄγκον, «τὰ ὑπο-
δήματα» λόγῳ (λέγω Markland), περιειληφότας (περιειληφότας non legebat
Ambros.)
247, 10: τέλειαι (ἀρεταί) δὲ αἱ κηρῶν
(κηρῶν] κηλίδων sacra parallela Da-
masc. apud Mangey) ἀμέτοχοι

366, 15–16: pedes suos calciamento-
rum non (non: add. Schenkl) exu-
entes uinculis et tamquam onus
corporeum deponentes
384, 8–10: quae (uirtutes)... perfectae
sunt, si... animus delenimenta (deli-
niamenta et delinimenta: variae lec-
tiones; confer graec. κηλεῖν) uolupta-
tis excludat

Je disais qu'Ambroise cite la bible d'après la version latine des *LXX*.
La collation des quelques textes bibliques de la Genèse, tels que nous
les lisons en Philon, et des parallèles en Ambroise suffira pour démontrer que celui-ci ne traduit pas de Philon les versets ou hémistiches à
commenter, mais qu'il se sert, dans ses écrits, de la *Vetus Latina* [1]:

202, 1: Καὶ προσέθηκε τεκεῖν τὸν ἀδελφὸν
αὐτοῦ τὸν ῎Αβελ (τὸν ῎Αβελ add. Pap
F: τὸν om. U, τὸν ῎Αβελ om. ceteri)
203, 16–204, 2: δύο ἔθνη ἐν τῇ γαστρί σού
ἐστι... καὶ δύο λαοὶ ἐκ τῆς κοιλίας σου
διασταλήσονται
223, 1–2: Καὶ ἐγένετο μεθ᾽ ἡμέρας, ἤνεγκε
Κάιν ἀπὸ τῶν καρπῶν τῆς γῆς θυσίαν
τῷ κυρίῳ (τῶν καρπῶν Pap UF: τοῦ
καρποῦ ceteri; θυσίαν Pap UF, δῶρον
ceteri; κυρίῳ]θεῷ UF)
239, 3–4: ἀπὸ γὰρ τῶν πρωτοτόκων τῶν
προβάτων αὐτοῦ καὶ ἀπὸ τῶν στεάτων
αὐτῶν

339, 19: et adiecit parere Abel
(Gen. 4, 2)

340, 25–341, 2: duae gentes in utero
tuo sunt et duo populi de uentre
tuo exibunt (Gen. 25, 23)

361, 12–13: Et factum est post dies
optulit Cain ex fructibus terrae
munus domino (Gen. 4, 3)

373, 21–22: de primitiuis ouium et de
adipibus earum (Gen. 4, 4)

Un indice quasi certain qu'Ambroise n'est dépendant de quiconque,
quant aux parallèles des textes bibliques, se fonde sur un témoignage
même de l'auteur qui oppose sa lecture à celle qu'il trouve en Philon:
*alii habent: uiam ipsius, hoc est dei* [2].

---

[1] Cohn a donc tort, me semble-t-il, de dire qu'Ambroise, à propos de deux
textes sacrés qui divergent dans les manuscrits, confirme soit la leçon de UF,
soit celle de PAMG (voir Prolégomènes, p. LXIII), pour cette raison bien évidente.
[2] Voir *Noe* 5, 12 (421, 22s.) et *Quaest.* I, 99. Entre parenthèses seront doré-
navant les chiffres se référant aux pages et aux lignes des éditions Cohn-Wend-
land, pour Philon, et Schenkl, pour Ambroise. Je citerai *Quaest.* toujours selon
la traduction latine de l'unique témoin arménien (le grec ayant disparu) due
au P. Méchitariste J.-B. Aucher.
Ambroise applique si bien ce principe, qu'il arrive même que son lemme bibli-

3

Et cela se comprend aisément. Ses auditeurs ou lecteurs, habitués depuis toujours à entendre ou lire l'Ecriture dans l'ancienne et vénérable traduction canonisée par l'Eglise et consacrée par l'usage, n'auraient pas accepté si facilement une autre version, fût-elle meilleure, surtout si cette dernière changeait considérablement le texte, et eussent été sans doute choqués [1].

C'est ce qui arriva à la *Vulgata* de Jérôme qui eut longtemps bien du mal à s'imposer comme traduction officiellement admise par tout le monde [2].

Si le traducteur arménien de Philon n'a pas agi ainsi, c'est, à moins d'une autre explication sous ce rapport plus persuasive, pour la raison très simple que la *Vulgate arménienne* officielle était, au moment où fut faite la traduction de Philon, encore inexistante ou tout au moins inachevée [3].

---

que de base supposant une tout autre lecture ne justifie plus l'explication philonienne adoptée (cf. *Noe* 15,54 (451, 6ss.) et *Quaest.* II, 24), voire qu'il soit en contradiction ouverte avec le développement ultérieur de son modèle qu'il continue pourtant de suivre inconsciemment avec tout ce que cela peut entraîner d'ennuyeux (voir comme exemple-type, les deux leçons interférentes *septimo-secundo*, pp. 98–100; et note suivante).

[1] Sans dire qu'Ambroise, en se servant tout au long d'un texte biblique différencié et non officiel, eût indirectement révélé sa source qu'il tenait par contre à cacher absolument. Il était du reste assez adroit pour être prêt à se séparer de Philon chaque fois que son exégèse supposait une lecture différente (voir ci-dessous pp. 97–98). Et s'il s'intéresse, au passage, aux leçons d'Aquila, Symmaque et Théodotion, ce n'est jamais pour les préférer à la *LXX* que traduit sa *Vetus Latina*.

[2] A ce propos, je ne peux me passer de rappeler le curieux incident qui se produisit dans une ville d'Afrique. A la lecture publique de la récente version hiéronymienne, un passage insolite et étrange aux oreilles ne passa pas inaperçu au peuple qui en fut scandalisé. Il s'ensuivit un tumulte tel que, pour le calmer, il fallut en appeler à l'autorité des Juifs. Le fait est relaté par St. Augustin: «Nam quidam frater noster episcopus, cum lecticari instituisset in ecclesia, cui praeest, interpretationem tuam, mouit quiddam longe aliter abs te positum apud Ionam prophetam, quam erat omnium sensibus memoriaeque inuetera-tum, et tot aetatum successionibus decantatum. Factus est tantus tumultus in plebe maxime Graecis arguentibus et inflammantibus calumniam falsitatis, ut cogeretur episcopus (Oea quippe ciuitas erat) Iudaeorum testimonium flagitare», *Epist.* LXXI, 3, 5 *ad Hieronym.* (CSEL, XXXIV, 253, 1ss.).

[3] C'est du moins ce que pense Aucher, *Paralipomena Armena*, p. II: «Si conferant inter se eruditi viri Sacrae Scripturae Armenium textum, quo in Philonianis Quaestionibus, et Solutionibus in Genesim et Exodum utitur inter-

pres Philonis, cum Armenio vulgatae Lectionis, illum ab hoc saepius discrepare, quodammodo fortasse mirabuntur. Verum continuo mirari desinent, quum utriusque interpretationis temporum meminerint. Nam quum Sanctissimus ille Patriarcha noster Isaac I. quem Armeniorum principem Interpretum veneramur omnes, de nostra vulgata optime meritus in Armenia maximopere adlaborabat, ejus interea discipuli, ab eo ita jussi et compulsi, quorum unus Philonis fuit interpres, per varias Imperi Romano-Graeci regiones Majorum opera in Armeniorum usum convertebant. Non poterant ergo vulgatam lectionem nondum publici juris sequi, verum unusquisque pro suo captu translationem concinnabat. Quamobrem ejusmodi discipulorum interpretationes vix poterant accedere ad accuratissimam versionem communis magistri eruditissimi» (voir cependant, à la page 91 la rectification de Lewy et p. 92, n. 1).

# II

# LA MÉTHODE EXÉGÉTIQUE D'AMBROISE
## DANS L'EMPLOI DE PHILON

L. Cohn, dans ses *Prolégomènes* à l'édition critique des œuvres grecques de Philon d'Alexandrie, faisait déjà remarquer qu'une comparaison avec Ambroise se serait avérée extrêmement fructueuse: «rem... accurata et plena disquisitione adhuc nemo tractavit. comparationem autem subtilem inter Philonem et Ambrosium institutam utriusque memoriae valde profuturam certo sperandum est...»[1].

Mais il importe avant tout de savoir avec précision: 1. quels sont les traités de Philon qu'Ambroise a connus intégralement et directement; 2. comment il les a utilisés dans les siens. Quelle est, autrement dit, la part de son originalité propre et la part qu'il concède à son modèle grec. Je commencerai par ce deuxième point.

Il est bien entendu qu'Ambroise ne cite jamais Philon. Ou plutôt il lui arrive une fois d'en faire ouvertement mention; mais il s'agit

---

[1] Vol. I, p. LXII. Ont évoqué ce problème succinctement ou sous un angle restreint, les auteurs suivants:

Siegfried, *Philo von Alexandria...*, pp. 371–391;

Ihm, *Philon und Ambrosius*, pp. 282–288;

Förster, *Ambrosius...*, pp. 102–112;

Kellner, *Der hl. Ambrosius...*, passim; ad loc.

Karppe, *Essais...*, pp. 29–31;

Wilbrand, *S. Ambrosius...*, pp. 1–20;

Lewy, *Sobria ebrietas*, p. 150ss., et *Neue Philontexte...*, pp. 23–84;

Völker, *Das Abraham-Bild...*, pp. 200–203 et 205–207;

Dassmann, *Die Frömmigkeit...*, pp. 44–74 et 113–114.

Pépin, *Théologie cosmique et théologie chrétienne*, pp. 128 et 350–351.

Szabó, *Le Christ et le Monde selon S. Ambroise*.

Et bien d'autres encore.

La question pourtant n'a jamais été traitée «in extenso» jusqu'ici. Lire l'«Addendum».

justement d'un commentaire, *Par.* [1], où il ne l'a pas, à mon avis, préféré à Origène et c'est pour cela du reste qu'il ne craint pas de le nommer.

Il est toujours d'une discrétion remarquable à l'égard de son prototype. Et c'est par des *aliqui* [2], *quidam* [3], *nonnulli* [4], *plerique* [5], *alii* [6], etc. qu'il y fait vaguement allusion.

Il ne faudrait pas croire pour autant qu'Ambroise soit un pur plagiaire, même si l'imitation est parfois poussée jusqu'aux mots. D'ailleurs, les passages strictement parallèles où l'on peut véritablement parler de traduction sont relativement rares. Et ce n'est pas une petite peine que de retrouver, à travers les pages d'Ambroise, la pensée ou l'expression de Philon que l'on doit plutôt deviner et parfois lire entre les lignes [7]. Mais, principe qui dirige toute son exégèse, Ambroise est en règle générale fidèle à sa source et il en suit substantiellement tous les développements et toutes les digressions, souvent jusqu'aux moindres détails. Cette imitation est donc très étroite, persistante et exclusive de tout autre apport étranger. Philon détient indiscutablement le monopole.

Ce qui caractérise son usage de Philon, c'est que, lorsqu'il a sous les yeux quelque traité de celui-ci, c'est ordinairement sa coutume de le parcourir systématiquement et sans interruption d'un bout à l'autre. Il en peut cependant omettre sporadiquement telle ou telle partie qu'il juge moins importante pour sa fin immédiate, comme il le laisse entendre lui-même dans une petite note de transition: *praeterirem huiusmodi interpretationem..., nisi quibusdam scrupulum hinc nasci aduerterem...* [8]. Je dirai ci-après quels en sont généralement les motifs.

---

[1] Voir 4, 25 (281, 21).

[2] Voir *Noe* 13, 43 («et aliqui ita acceperunt, qui ante nos fuerunt», 441, 8–9); 13, 47 (445, 9).

[3] Voir *Cain* I, 8, 32 (367, 3); *Noe* 15, 52 (449, 26); 25, 92 (478, 19); *Abrah.* II, 8, 50 (603, 7).

[4] Voir *Noe* 17, 63 (459, 1); *Abrah.* II, 9, 64 (618, 14).

[5] Voir *Noe* 13, 44 (441, 21); 26, 99 (482, 17); *Abrah.* II, 8, 51 (605, 3); 11, 83 (634, 2); *Fuga* 4, 20 (II, 180, 11).

[6] Voir *Noe* 5, 12 (421, 22).

[7] Inversement, sans l'aide de Philon, la juste compréhension de beaucoup de passages ambrosiens nous échapperait totalement et irréparablement (cf. p. 85, n. 2).

[8] Voir *Abrah.* II, 8, 50 (603, 6–8).

Bref, Ambroise manipule habilement et magistralement son auteur, avec une très grande liberté et invention, sans jamais s'y asservir passivement.

L'ordre des mots et des phrases est interverti, le texte philonien continuellement paraphrasé, adapté au génie de la langue latine, adapté aussi à sa façon d'exposer et de traiter un sujet.

Des amplifications oratoires interminables sont faites à partir d'une simple période de Philon, selon le goût d'une rhétorique littéraire où Ambroise se montre redevable de son époque. Que l'on songe aux descriptions pleines d'ironie de la vie dépravée d'alors, dans lesquelles Ambroise se complaît à stigmatiser les vices et leur ridicule. Particulièrement réussis sont les portraits de l'ivrognerie et de l'impudicité [1]. Le tout enrichi de maximes morales et d'innombrables témoignages des saintes Ecritures. A ce propos, de beaucoup plus nombreuses en Ambroise, sont les citations bibliques de l'Ancien Testament dont Philon faisait un usage raisonnable [2] et auxquelles s'ajoutent les références naturelles et non moins fréquentes au Nouveau, sans contredit, tout ambrosiennes [3].

L'ordre des pensées n'est pas non plus respecté. Il insère des passages empruntés à Philon dans des contextes un peu différents [4]. Un *tertio* vient en premier lieu en Ambroise [5]. Il anticipe la conclusion et en donne ensuite l'argumentation. Il retient les mots, mais non pas la pensée exacte [6].

---

[1] Voir *Cain* I, 4, 14 (350, 14ss.) et 5, 18 (355, 2ss.).

[2] La chose est en partie due au fait que Philon ne reconnaissait comme canoniques que les livres du Pentateuque, bien qu'il lui arrive de citer les prophètes, les psaumes et même les hagiographes.

[3] On sait qu'Ambroise est le père de l'Eglise qui compte le plus grand nombre de citations bibliques.

[4] Comparer *Cain* I, 5, 15 (352, 12s.) et *Sacrif.* 27 (213, 1s.); *Cain* 8, 29 (364, 17ss.) et *Sacrif.* 47 (221, 1ss.).

[5] Voir *Noe* 13, 42 (439, 25ss.) et *Quaest.* II, 13. Pareillement, l'*ad altiorem sensum* de *Noe* 30, 115 (490, 19–20) se réfère à *Quaest.* II, 74, et non pas à 73 auquel se rapporte, par contre, l'*ad litteram*. Voir aussi *Noe* 13, 44 (441, 21ss.) et *Quaest.* II, 14 où l'ordre est également inversé. Même inversion en *Noe* 15,50 (448, 10ss.) par rapport à *Quaest.* II, 19 (Philon: sens allégorique d'abord, littéral ensuite; Ambroise: le contraire). Cf. *Noe* 26, 94–96 (480, 15ss.) et *Quaest.* II, 60 (Ambroise mentionne le «tertium», alors qu'il n'a pas rappelé le I° et le II° de Philon); et *Noe* 23, 82–85 (471, 21–473, 25) et *Quaest.* II, 55 (exemple de «restructuration» ambrosienne à l'intérieur de la même «question»: cas semblable vis-à-vis de la précédente «question» aussi).

[6] Voir *Cain* I, 10, 41 (373, 8ss.): *Sacrif.* 72 (232, 1ss.).

Il simplifie et raccourcit le texte trop subtil ou trop pédant de Philon. Il a visiblement l'air de minimiser les spéculations des Pythagoriciens sur les nombres, si chères à Philon. C'est à propos du § 49 du IIIᵉ livre de *Quaest.* qui en offre un bel exemple, qu'il a cette remarque un peu inattendue: «Haec igitur simplici expositione abundare ad intellectum opinamur. ideoque non cybos geometricae nec tetragonum numerum philosophiae nec confessionem ut aiunt Pythagoricam nec semper uirgines ut appellant ebdomadis numeros cura discutiamus inani..., sed uera aperimus mysteria etc.» [1]. Ambroise ne semble pas faire grand cas de toutes ces élucubrations ingénieuses et stériles sur lesquelles aimait à jouer un Philon, tout pénétré de philosophie pythagoricienne. Aussi en fait-il grâce à ses lecteurs, à peu d'exceptions près [2].

Maintes fois, Ambroise croit aussi devoir apporter des compléments ou améliorer une interprétation philonienne [3]. A cela il est amené non pas par des raisons d'ordre exégétique, mais par sa mentalité de chrétien. Mais encore certaines réflexions personnelles ou des parallèles néo-testamentaires viendront renforcer une idée déjà donnée qui les suggère. Ambroise passe ainsi d'un concept à un autre avec une extrême aisance, sans même vraie succession logique, par pure association d'images ou d'idées.

Dans cette même ligne, les trois anges apparus à Abraham aux chênes de Mambré qui, pour Philon, signifient Dieu avec ses deux puissances principales, l'ἀρχή et l'ἀγαθότης, de même que les trois mesures de farine que Sarah pétrit pour en faire des galettes cuites sous la cendre (ἐγκρυφίας) [4], évoquent tout spontanément chez notre auteur les trois personnes trinitaires. Bien des développements donc, qui ont été manifestement inspirés, dépassent largement la portée du

---

[1] Voir *Abrah.* II, 11, 80 (632, 16ss.).

[2] Voir *Quaest.* I, 91; II, 5; III, 49 et 56, qui ne sont pas prises en considération.

[3] Voir *Cain* I, 2, 5 (341, 10); II, 9, 34 (406, 15ss.); *Noe* 5, 12 (421, 22ss.); 13, 47 (445, 9ss.); 15, 52 (450, 4ss.); *Abrah.* II, 8, 52 (605, 14ss.) et 59 (612, 15ss.); 9, 66 (621, 10ss.).

[4] Voir *Cain* I, 8, 30 (364, 26ss.) et *Sacrif.* 59–60 (I 225, 15ss.); voir pareille transposition ou «projection» chrétienne d'Ambroise en *Noe* 26, 99 (482, 17ss.) dépendant de *Quaest.* II, 62: la distinction philonienne classique entre Θεός et Λόγος devient évidemment chez son utilisateur, distinction trinitaire entre «Père» et «Fils» ou Dieu et son Verbe. Cette déduction facile à opérer n'est pas pour nous étonner.

texte exemplaire, en allant même parfois jusqu'à opposer Eglise et Synagogue, comme dans le passage précité.

Il n'hésitera pas, à l'occasion, à corriger, voire même à contredire, ce qu'il y a de trop judaïsant en Philon [1]. Et c'est encore son sens chrétien qui l'y pousse. Pour le juif alexandrin, par exemple, ὁ λόγος ἔργον ἦν αὐτοῦ (θεοῦ) [2]. Et l'évêque milanais, son intention étant aussi de prévenir toutes objections des ariens, de le combattre illico: «uerbum... dei non, sicut quidam ait, opus est, sed operans...» [3]. Ces réfutations sont néanmoins très indirectes et passent souvent inaperçues.

On note également une certaine hésitation et embarras de l'écrivain latin en présence d'un texte grec qu'il ne peut transposer dans sa langue, sans lui enlever toute sa saveur originale. Comme dans un lieu de *Noe* où Ambroise a tâché de rendre, tant bien que mal, un jeu de mots de Philon sur Χους, transcription grecque de Chuš, fils de Cham (χοῦς, en grec, voulant dire en effet «terre») [4]. Dans de pareils cas, il est à d'autres occasions obligé de faire appel à un mot grec et à son étymologie, du moins apparente, pour justifier l'explication que ces mêmes notions commandent [5]. Ou bien pour conserver la résonance et la valeur d'un mot qui, en latin, est de genre différent [6].

Enfin, le cas se présente aussi qu'Ambroise, par moments d'inadvertance, n'ait pas bien saisi un tour de phrase et ait été induit en erreur sur son sens exact. Exemple, à un endroit du livre *Noe,* il a cru naïvement que ce fût dans un dialogue de Platon ce que Philon mettait dans la bouche de Socrate: «... Socrates in libro Platonis dixisse legitur» [7]. Une équivoque encore plus grave qui rend le texte obscur et la lecture malaisée, porte sur une question de calendrier,

---

[1] Voir *Cain* I, 8, 32 (367, 2ss.); *Abrah.* II, 9, 64 (618, 14ss.); II, 8, 58 (611, 19ss.) etc.

[2] Voir *Sacrif.* 65 (228, 16ss.).

[3] *Cain* I, 8, 32 (367, 2s.). Ambroise retouche discrètement le pensée de Philon: «magis illud arbitror» (cpr. *Noe* 27, 102 (483, 14ss.) et *Quaest.* II, 63); «sunt enim qui (= Philon) putant quod..., ego autem libenter his adquiescerem..., nisi uiderem...» (rectification de *Noe* 25, 89 (476, 13ss.) sur *Quaest.* II, 58).

[4] Voir *Noe* 34, 126 (496, 1ss.) et *Quaest.* II, 81.

[5] Voir *Abrah.* II, 8, 50 (603, 15); 51 (604, 12 et 605, 3).

[6] Voir *Abrah.* II, 8, 51 (605, 5ss.): *Quaest.* III, 3 etc.

[7] Confronter *Noe* 8, 24 (428, 13–14) avec *Quaest.* II, 6.

Ambroise n'ayant pas compris le comput de Philon [1]. On pourrait multiplier les exemples [2]. De fausses lectures peuvent quand même être à l'origine de quelques-uns de ces malentendus.

Avant de passer au premier point que j'avais promis de traiter, un problème se pose: Ambroise lisait-il Philon en grec? En effet, une fois constatée l'existence d'une *ancienne version latine* qui, au sentiment des spécialistes, pourrait être antérieure à l'utilisation d'Ambroise elle-même (je reviendrai plus tard sur le sujet), nous ne pouvons pas ne pas le poser. Mais le doute, s'il avait lieu, disparaît aussitôt qu'on pense aux multiples renvois d'Ambroise au grec [3], ce qui suppose l'accès aux originaux. Même dans le cas où nous ignorerions totalement la source d'Ambroise, nous pourrions sans autre en soupçonner l'existence à travers ces traces certaines.

Mais venons-en à notre propos principal qui est de déterminer, dans la mesure du possible, quels sont les traités de Philon qu'Ambroise requiert de façon catégorique pour expliquer l'emploi de son exégèse; quels sont par contre ceux avec lesquels il a des contacts rares et hypothétiques et par là même potentiellement trompeurs; et, en cas d'utilisation inattaquable, s'il les a connus dans l'état où nous les lisons aujourd'hui.

A titre d'anticipation et pour une vision panoramique des choses, je constate en gros ce qui suit. Dans *Cain,* Ambroise suit tout le long *Sacrif.* Cette source s'étant épuisée, il continue son commentaire II, 7, 24–9, 38 en recourant à *Quaest* [4]. I, 65–77, et non pas à *Deter.* qui en constituerait la suite logique. Dans *Noe,* c'est *Quaest.* I, 87–II, 82 qu'il regarde constamment. Dans le IIe livre de *Abrah.,* à partir de 8, 49 jusqu'à 10, 76 toujours *Quaest.* 1–20 du IIIe livre, et pour le

---

[1] Voir *Noe* 14, 48 (445, 17ss.): cf. 17, 60 (456, 22ss.); et *Quaest.* II, 17.

[2] Voir aussi *Cain* I, 5, 15 (352, 25ss.); 8, 31 (366, 15ss.); 10, 41 (373, 14ss.); *Noe* 17, 60 (457, 2ss.); 31, 117 (492, 2ss.); et les lieux parallèles de Philon.

[3] Voir *Cain* (369, 19); *Noe* (415, 2; 424, 4, 10, 11; 453, 3–4; 473, 5, 6; 479, 11, 12); *Abrah.* II (603, 15; 604, 12; 605, 3, 6; 611, 8, 25; 624, 5; 632, 21; 635, 21, 23; 637, 4). Mais plusieurs autres mots latins sont la transcription évidente d'originaux grecs.

[4] Je rappelle que ce sigle conventionnel *(Quaest.)* renvoie exclusivement à *Quaestionem in Genesim.* Je spécifierai chaque fois qu'il s'agira des *Quaestiones in Exodum (Quaest. Ex.).*

reste, 44–62, avec quelques exceptions. J'aurai à discuter si Ambroise a vraiment eu, ou mieux, pris connaissance d'un IV<sup>e</sup> livre de *Quaest.* et compilé maints autres traités philoniens qui apparaissent de prime abord comme autant de points de repère qui jalonnent ses travaux à caractère exégétique. Pour finir, dans *Fuga,* l'usage de *Prof.* est plus modéré et moins homogène, mais apparemment hors de discussion [1]. En procédant maintenant à une analyse plus poussée, on verra ce que l'on peut en tirer pour la critique textuelle et littéraire de Philon.

---

[1] Pour les références multiples aux lieux parallèles de Philon, consulter toujours l'apparat critique spécial, où elles se trouvent indiquées, de l'excellente édition de Schenkl (deux premières parties du volume XXXII consacré à saint Ambroise dans le CorpusSEL).

III.

## AMBROISE ET LA CRITIQUE TEXTUELLE
## ET LITTÉRAIRE DE PHILON

*Cain* est sûrement d'inspiration philonienne. Si l'on excepte quelques
emprunts à *Quaest.* I vers la fin du deuxième livre, il doit tout à
*Sacrif.*

Il y a tout de même, au premier abord, motif de douter si, pour
le début I, 1, 2 (339, 8ss.), Ambroise avait devant les yeux *Cher.* 125
(I 199, 24ss.) ou bien *Quaest.* I, 58, les deux traitant, dans le passage
précis, la même matière à peu près avec les mêmes termes. Mais en
dépit du fait qu'une lecture «ad litteram» de ces deux lieux synop-
tiques plaiderait plutôt en faveur de *Quaest.* [1], j'ai déjà relevé combien conséquent et continu était l'emploi de Philon fait par Ambroise.
Suivant ce principe bien établi, il me paraît assez inouï qu'Ambroise,
après avoir regardé une petite *Question,* se soit tourné brusquement
vers *Sacrif.*

Mais on pourrait objecter que le même passage indu se serait alors
opéré de *Cher.* à *Sacrif.* Il n'en est pas ainsi. Indépendamment du
fait que ces deux traités se suivent immédiatement dans le commentaire biblique, je crois fermement qu'Ambroise lisait *Cher.* et *Sacrif.*
sans la moindre interruption, comme faisant partie d'un seul et même
ouvrage. Pourquoi? Je ne veux pas entrer ici dans la question fort

---

[1] En *Cher.*, l'ordre des mots-clef est «cause, matière, instrument» comme en
*Prov.* (Aucher, *Sermones tres,* p. 12); en *Quaest.*, l'ordre est «matière, cause,
instrument», comme chez Ambroise. Je dois cette remarque à Fr. Petit qui a
identifié dans Procope (PG LXXXVII 1, 233B) la citation littérale du début de
cette *Question* (lettre du 29 octobre 1971).

Wendland lui-même optait déjà pour *Cher.* (*Neu entdeckte...,* p. 128, n. 1),
tandis que Pépin laisse la question non résolue (*Théol. cosmique et Théol. chrétienne,* p. 350). Schenkl prend aussi implicitement position pour *Cher.* (voir in loco).

complexe et épineuse du classement des œuvres de Philon. J'en donnerai un bref aperçu à la fin de ce travail, en guise d'appendice. Qu'il me suffise d'y renvoyer.

Sans dire d'emblée que la vraie coupure eût été au verset 1 du chapitre 4 qui annonce la naissance de Caïn, en *Cher.* 40 (I 179, 24ss.), plutôt qu'au verset suivant qui annonce celle de son frère Abel. Toute la belle théorie sur la primauté temporelle et virtuelle suppose que le lecteur de *Sacrif.* ait été au moins averti quant à la naissance de l'aîné. Cette particularité montre bien qu'Ambroise ne semble guère se soucier de ces divisions qui ne sont pas toujours au bon endroit. Certes, il connaît encore un Philon très pur, exempt de toute manipulation successive.

Si, pour le gros de l'ouvrage, Ambroise dépend strictement de *Sacrif.*, l'ordre de celui-ci, tel qu'il nous est parvenu, n'est pas toujours respecté. Et principalement, toute la section qui va de 76 à 87 (I 233, 9–238, 14) du traité philonien, alors qu'il serait normal de la retrouver entre les §§ 41 et 42 du Ier livre de *Cain* (373, 20), est différée, sans motif apparent, au § 19 et suivants du second (394, 14ss.), tout en étant précédée d'un petit paragraphe, inspiré, si j'en crois Schenkl, de *Quaest.* I, 63 et inséré précisément entre ce qui est la fin actuelle de *Sacrif.* et la reprise du morceau omis auparavant. Autrement dit, Ambroise, ayant l'air d'avoir épuisé la source principale de *Sacrif.*, serait momentanément passé à *Quaest.;* après quoi, il se serait à nouveau intéressé à une partie d'abord négligée de *Sacrif.*, pour faire alterner ensuite *Quaest.* et *Deter.:* procédé bien trop compliqué pour notre auteur, est-il besoin de l'accentuer.

Et déjà le fait que jusqu'alors Ambroise s'en tient fidèlement à *Sacrif.* doit nous faire soupçonner qu'il n'ait pu se servir, pour la finale, de trois modèles à la fois. On se demande alors avec raison si *Cain* ne reflète pas l'ordre primitif de *Sacrif.*, un tel déplacement étant inexplicable, et si Ambroise n'aurait point quitté la suite du dénommé *Commentaire Allégorique* pour la partie concernant les sacrifices de Caïn et Abel, avant la perpétration du meurtre fratricide, c'est-à-dire concrètement avant son abandon définitif de *Sacrif.* pour *Quaest.* et, paraîtrait-il, *Deter.* en guise de complémentarité. En ce cas, *Sacrif.* ne se serait pas terminé au § 139 (le dernier de nos éditions), mais il aurait aussi recouvert les trois versets et demi (*Gen.* 4b–7) qui, dépourvus de commentaire, causent une discontinuité incompréhensible entre *Sacrif.* et *Deter.* Examinons de plus près la conjecture.

On constate tout d'abord que la digression inspirée de *Lév.* 2, 14, en *Sacrif.* 76ss. (I 233, 9ss.), viendrait mieux à propos lors du commentaire du verset 7 qui, comme on l'a déjà dit, appartient à la lacune entre *Sacrif.* et *Deter.* et qui est rendu dans la version d'Ambroise, en *Cain* II, 6, 18 (394, 3-4): «si recte offeras, non recte autem diuidas, peccati; quiesce.» Pour parler de division du sacrifice, on ne voit pas lieu plus indiqué que celui-ci. En effet, en *Quaest.* I, 64, c'est en commentant le verset 7 du même chapitre 4 que Philon saisit tout naturellement l'occasion de fonder sa doctrine de la division, c'est-à-dire de l'ordre à avoir en toutes choses, spécialement dans l'action de grâces, le λόγος... εὐχαριστητικός de *Sacrif.* 74 (I 232, 16-17): «Hunc ergo ordinem (que le Créateur a établi dans l'univers des choses) necesse est imitari universorum in rebus omnibus, maxime in gratia vel agenda vel habenda, qua vocamur ut vices quodammodo retribuantur impense majora nobis tribuenti.» Sans toutefois faire allusion aucune au texte du *Lévitique*. Voir aussi le passage de *Agric.* 127 (II 120, 18ss.) où Philon, étant amené à parler de la nécessité de la division, cite *Gen.* 4,7: οὐκ ἐὰν ὀρθῶς προσενέγκῃς, ὀρθῶς δὲ μὴ διέλῃς, puis il ajoute: ὀρθὸν μὲν οὖν ἡ τοῦ θεοῦ τιμή, τὸ δὲ ἀδιαίρετον οὐκ ὀρθόν. Au contraire, en commentant en *Quaest.* I, 60, lieu parallèle à celui de *Sacrif.* qui nous occupe, les versets 3 et 4, l'auteur ignore complètement cette division [1].

De plus, aux versets 3 et 4, l'accent est mis principalement sur les qualités requises par les offrandes, et non point sur la manière de faire ces offrandes. Or, ces qualités requises sont, d'après *Sacrif.* 52 (I 223, 1ss.), l'empressement et le choix. Il faut offrir sans délai et il faut offrir des prémices (πρωτογεννήματα). Caïn, lui, n'a pas observé ces deux conditions, parce qu'il a rendu grâce non pas tout de suite (εὐθύς), mais après quelques jours (μεθ' ἡμέρας), et parce qu'il a offert des fruits (ἀπὸ τῶν καρπῶν) et non des premiers fruits (ἀπὸ τῶν πρώτων καρπῶν).

C'est en analysant ce deuxième défaut de l'offrande de Caïn, que Philon, après avoir reconnu en *Sacrif.* 72 (I 232, 10-11) qu'il est juste (δίκαιον) τῶν τῆς ψυχῆς κινημάτων ὅσα πρῶτα ἢ τάξει ἢ δυνάμει θεῷ

---

[1] On sait par ailleurs combien Philon est méticuleux et, je dirais, presque monotone dans ses pensées. Autant il nous paraît, à nous, fantaisiste parfois, autant il persévère dans une idée. Chaque fois qu'il reprendra le même thème dans d'autres écrits, il donnera, pour l'essentiel et à quelques exceptions près, invariablement la même exégèse.

ὁμολογεῖν, en vient à spécifier quels sont les premiers mouvements de l'âme et par le rang (τάξει) et par la valeur (δυνάμει). Et puisqu'il est dit de tout attribuer à Dieu, de ce qui est premier (*Ex.* 23, 19), il en découle qu'il est de rigueur d'en offrir les prémices (ἀπὸ τούτων ἀπάρχεσθαι). Mais comment les lui offrir métaphoriquement parlant? Par l'action de grâces, dit *Sacrif.* 74 (I 232, 16–17): αἱ δὲ ἀπαρχαὶ λόγος ἐστὶν ἐκ διανοίας ἀληθοῦς ἀναπεμπόμενος εὐχαριστητικός.

Expression, cette dernière, que nous retrouvons quasi textuellement en Ambroise, *Cain* I, 10, 41 (373, 18–20): «quarum (primitiae animae) primitiua est puro corde et simplici sermone deo gratiarum actio», où il semble pourtant n'avoir pas tout à fait saisi le sens exact de la pensée philonienne. Ce qu'il importe surtout de noter ici, c'est qu'Ambroise a tout l'air de n'avoir pas lu plus loin le § 74. Sinon, pourquoi reprendre *Sacrif.* au § 88 (I 238, 15) et omettre ainsi, pour le transposer ensuite, un long passage qui se rapportait précisément à ce qui venait d'être dit? C'est qu'en fait il ne s'y rapporte pas spécialement et le sens du texte n'en souffrirait pas beaucoup, si on le lui ôtait, de même qu'en Ambroise la suite n'en reste pas moins logique et coulante.

Voilà, à mon sentiment, ce qui se serait vraisemblablement passé. Philon n'aurait pas laissé de vide entre *Sacrif.* et *Deter.* qui d'ailleurs, dans ma perspective, n'étaient pas originairement des ouvrages indépendants. C'est ainsi qu'en commentant *Gen.* 4, 7 où il est formellement question de division, il aurait évoqué *Lév.* 2, 14, tout en précisant, selon son procédé allégorique, que le sacrifice n'était autre chose que l'action de grâces. Ce sont encore les *Questions* qui, servant de strict parallèle à bon nombre de traités philoniens relevant de la Genèse et de l'Exode, me font envisager les choses de la sorte. Effectivement, à l'endroit précis qui correspond à cette partie lacuneuse entre *Sacrif.* et *Deter.*, on nous dit qu'il faut appliquer cette division ou ordre en tout temps, *maxime in gratia vel agenda vel habenda.*

Le commentaire ambrosien, *Cain* II, 6, 18 (394, 5ss.), abandonne notre *Sacrif.* actuel au début du § 136, exactement avant les mots ὁρῶ δ᾽ ἔγωγε κτλ. Il annonce immédiatement le verset 7, mais en pratique il prend plutôt en considération le verset 5 qui nous montre un Caïn au visage triste et abattu et à l'air dépité, car Jahvé n'a pas agréé son offrande *(tristitia igitur Cain conscientiae testimonium repulsae indicium est).* D'où lui vient son manque? D'avoir rendu un culte à Dieu seulement *muneribus oblatis,* et non aussi *offerentis affectu: et quia optulit munus,* continue le paraphraste, *tamen quia non recte et iure diuisit, culpam incidit.* C'est le sens même de la réponse de Jahvé

*(Gen.* 4, 6–7, selon *LXX).* De là vient la transition opportune au rituel du sacrifice d'après la loi mosaïque *(Lév.* 2, 14): «quattuor enim genera sunt quibus sacrificia commendabuntur».

Nous ne serions pas loin de la vérité, si nous supposions que tel avait dû être le cheminement de Philon. Il avait montré «per longum et latum» la bonté intrinsèque des offrandes d'Abel en opposition à celles de Caïn. La dernière de leurs multiples et louables qualités était, suivant *Sacrif.* 136 (I 256, 13ss.), l'excellence de leur graisse. Et peut-être ne serions-nous pas non plus loin de la vérité, si nous imaginions que Philon, en développant cette pensée, faisait allusion aux vaches grasses de l'Egypte de *Cain* II, 5, 17 (393, 28–394, 2), fin de paragraphe. Avec ceci, nous en sommes encore au verset 4. En suivant très logiquement le texte biblique, Philon expliquait ensuite pourquoi les offrandes de Caïn à l'opposé de celles du frère, n'avaient pas été agréées, ce qui avait entraîné l'irritation de celui-là (vv. 6–7). Pratiquement, le v. 6 n'avait pas attiré l'attention de l'exégète, car il ne faisait que répéter en substance ce qui l'avait retenu juste avant, dans le commentaire du verset précédent. Si donc l'absence de division était le grand péché de Caïn, Philon conseillait, en *Sacrif.* 74 (I 232, 17–233, 1), de diviser (τέμνε δὲ...) nos prémices à nous à la manière d'une lyre et autres instruments de musique (ὅνπερ τρόπον ἡ λύρα καὶ τὰ ἄλλα μουσικῆς ὄργανα τέτμηται, trait qui, soit dit en passant, ne manque pas d'un brin de poésie), pour ne pas encourir les mêmes accusations. L'ordre est condition sine qua non de la perfection de l'offrande. On rejoint ici *Sacrif.* 76, avec la citation de *Lév.* 2, 14: διόπερ «ἐὰν προσφέρῃς θυσίαν πρωτογεννημάτων», οὕτως διαίρει, ὡς ὑφηγεῖται ὁ ἱερὸς λόγος (I 233, 9–10). C'est dans ce contexte donc que devait normalement s'insérer la digression intercalée actuellement entre le mot εὐχαριστητικός du § 74 (I 232, 17) et le début du 88 (I 238, 15) et qui commence avec les mots τέμνε δέ.

C'est à une époque très ancienne que, l'œuvre de Philon ayant été refondue et restructurée par des chrétiens d'Alexandrie, *Sacrif.* a subi à son tour un sort déplorable. La tradition, disons, «ambrosienne» de Philon, supposée encore plus ancienne, n'aurait pas été atteinte par ces remaniements postérieurs. C'est pourquoi elle nous offre un texte souvent meilleur et préférable à celui que j'appellerai, quant à moi, «para-ambrosien» [1].

---

[1] Le dommage suivi à cette espèce d'inversion et d'ajustement ne serait pas en réalité le seul intervenu dans ce livre même. On avait observé depuis long-

Mais a-t-on des traces perceptibles ou repérables de ce déplacement, à part les témoignages indirects et non décisifs d'Ambroise et du parallèle de *Quaest.*? Car, il faut bien l'avouer, le passage, tel qu'il est placé maintenant, ne gêne en rien la compréhension et on n'a aucunement l'impression qu'il s'agisse d'une intrusion.

Une lacune est au contraire manifeste à la place d'où il a été éloigné (*Sacrif.* 136). Et précisément là où je disais qu'Ambroise semble se séparer pour la première fois du traité philonien. Quand Philon dit, en *Sacrif.* 136 (I 256, 15-16): ὁρῶ δ'ἔγωγε καὶ ἐν ταῖς τῶν θυσιῶν διατάξεσι, puis il cite grosso modo *Lév.* 3, 3 s., ce καί, «aussi», suppose que l'auteur a précédemment parlé d'une autre prescription touchant les sacrifices, car autrement il n'aurait pas beaucoup de sens. Mais, avant d'en retrouver une autre, il faut tourner bien des pages à rebours, tandis que la formule de l'auteur n'a de sens qu'en référence à une exégèse paraphrastique toute proche sur le thème d'une autre disposition réglementant les sacrifices. N'est-ce pas là un indice éloquent? Si l'on rétablissait la section en cause à la place que je lui ai proposée, une telle difficulté cesserait par le fait même d'exister, parce que le καί se référerait alors au commentaire précédent de *Lév.* 2, 14.

Là-dessus, il n'y a pas à chercher quelle était la conclusion de *Sacrif.*, car il n'y en avait point. Il arrive fréquemment qu'un traité philonien commence et termine «ex abrupto», en entrant brutalement en matière et en la «bouclant» non moins brutalement, ce qui prouve

---

temps déjà qu'une sérieuse lacune rendait inintelligible le texte de *Sacrif.* à l'endroit correspondant à la page 167 de l'édition de Mangey (suite au mot ἀρητή, l. 36). Lui-même fut le premier à s'en apercevoir (*Philonis Judaei opera* vol. I, n. a) et il ne tarda pas à reconnaître dans l'apologue du *De Mercede meretricis* (περὶ τοῦ μίσθωμα πόρνης εἰς τὸ ἱερὸν μὴ προσδέχεσθαι: Mangey II, pp. 264–269) le complément désiré (§§ 21–32), mais n'osa modifier l'*editio princeps* de Turnèbe (1552) qui faisait état de manuscrits médiocres (les meilleurs n'accusant rupture d'aucune sorte).

Or, le commentaire d'Ambroise et, seulement plus tard, le papyrus de Coptos venaient confirmer l'hypothèse. Devant l'évidence des faits, on ne s'étonnera pas que de tels accidents se soient reproduits à divers endroits.

De l'avis autorisé de Wendland (*Neu entdeckte Fragmente Philos*, VI: *Über die ursprüngliche Gestalt der Schrift De sacrificiis Abelis et Caini*, pp. 125–145), cet opuscule factice, emprunté de toutes pièces en partie au *De Sacrificantibus* (autrement appelé *De Victimas offerentibus* et extrait en entier de *Spec.* I) et, pour les paragraphes qui nous intéressent de plus près, à *Sacrif.*, n'est que le résultat d'une compilation tardive du moyen âge.

une fois de plus que ces répartitions artificielles ne sont pas de l'auteur lui-même [1].

A supposer donc que le passage que j'ai restitué soit bien en place, peut-on en dire davantage? Peut-on savoir s'il y avait encore des explications après la fin de notre *Sacrif.* et avant le début du livre qui porte le titre de *Deter.*? Pas le moindre vestige, en tout cas, d'une éventuelle lacune chez Ambroise de Milan, comme il n'y a pas non plus de traces de ce dernier traité philonien chez ce même écrivain par la suite. En effet, celui-ci laisse pour sûr le *Commentaire Allégorique,* après avoir encore exposé la doctrine de *Sacrif.* concernant la division du sacrifice, et rejoint, en *Cain* II, 6, 19 (394, 14ss.), *Quaest.* I, 64 où il est toujours question de la division nécessaire, mais où la perspective est légèrement changée et l'exégèse du texte un peu différente. A partir de là, Ambroise ne quittera plus jamais *Quaest.* jusqu'à la fin de son commentaire, c'est-à-dire jusqu'au terme de l'histoire d'Abel, de Caïn et de ses descendants.

Pourquoi n'a-t-il pas suivi pour cette dernière partie également le *Commentaire Allégorique,* je veux dire *Deter.,* surtout si l'on n'admet aucune coupure originale entre celui-ci et *Sacrif.*? Ce qui semblerait donner raison à ceux qui acceptent la distribution actuelle et qui laisserait entendre qu'Ambroise au moins n'a point connu la forme textuelle présumée originale.

Mais, outre la difficulté qu'alors on ne voit pas pourquoi ces quelques versets intermédiaires, qui sont pourtant des jalons importants dans l'histoire de Caïn et d'Abel et qui commandent la suite des événements, ne seraient pas commentés, on peut très bien concevoir qu'Ambroise fût à court de temps, pour donner au reste du récit toute l'explication et l'ampleur voulues.

N'oublions pas que les commentaires de notre évêque étaient composés principalement pour être prêchés. Cela est reconnu pour *Hex.* qui consiste en une série d'homélies, neuf pour l'exactitude, prononcées devant les fidèles. Il peut se faire qu'ayant dû terminer en hâte son cycle de conférences et le temps nécessaire pour développer, selon la méthode employée jusqu'alors, l'allégorie suivante lui manquant, il lui ait fallu un «raccourci». On voit bien qu'Ambroise, peu importe au fond la raison, est pressé d'arriver au terme [2]. Voulant donc conclure

---

[1] Voir Méasson, *De Sacrificiis,* Introd., p. 14.

[2] Il semblerait pourtant qu'il s'agisse pour *Cain* de deux livres écrits (voir Palanque, *Saint Ambroise,* Appendice II, p. 439).

4

au plus vite, mais voulant d'autre part achever son commentaire de *Gen.* 4, il a demandé à *Quaest.* I, 64–77 dont il connaissait bien le style laconique, une exégèse, qui ne fût pas prolixe et verbeuse, mais brève et complète.

Il est faux du reste de voir dans cette dernière partie de *Cain* l'usage, quoique minime, de *Deter* [1]. A part le fait que l'usage serait trop sporadique et isolé, pour avoir tant soit peu de probabilité (on n'a qu'à regarder les six références données par Schenkl, pour s'en convaincre), il n'est absolument pas besoin de faire appel à *Deter.* pour des points ou traits si partiels, alors que *Quaest.* peut tout expliquer. On peut dire en toute rigueur que ce qui est supposé par *Quaest.* l'est en partie par *Deter.;* mais l'inverse n'est pas vrai pour autant. *Deter.* n'a pas, à lui seul, exercé des influences particulières qui ne l'aient pas déjà été par *Quaest.* dont l'influence est assurée tout le long et véritablement méthodique.

Les doublets viennent de la tendance profondément marquée de Philon à répéter à chaque occasion des idées familières et spontanées [2]. Mais cela ne signifie nullement que, lorsqu'il y a doublet ou pluri-répétition, Ambroise se soit inspiré de deux, trois et même quatre sources parallèles simultanément. Déjà a priori, la possibilité me semble devoir être écartée.

Il est donc clair qu'Ambroise ne dépend en rien de *Deter.,* et, sur la base seule de *Cain,* le doute serait permis, de savoir si Ambroise l'eût même jamais lu, tout en admettant qu'il fît partie de sa bibliothèque [3].

En résumé, *Cain* est, suivant mes résultats, dépendant de deux modèles philoniens: de I, 1, 2 à II, 6, 22 (339, 8–398, 12) il emprunte son sujet au *Commentaire Allégorique,* et presque exclusivement au traité *Sacrif.* qu'Ambroise n'a pas connu à l'état textuel présent, mais dont il nous fait deviner quelle était la disposition initiale; et de II, 6, 23 à 9, 38 (398, 12–409, 10), c'est-à-dire la fin, il suppose *Quaest.* I, 64–77. Je ne vois cependant pas de traces certaines de *Quaest.* I,

---

[1] Contrairement à Schenkl, op. cit., Praef., p. XXIII: «... respexit... locos aliquot opusculi quod inscribitur: περὶ τοῦ τὸ χεῖρον τῷ κρείττονι ἐπιτίθεσθαι.»

[2] Cf. ci-dessus, p. 33, n. 1.

[3] Ce qui dut bien être le cas, dans l'optique qui est la mienne du classement des œuvres de Philon (en «Appendice» à ce travail, pp. 122–126).

63 en II, 6, 18 (394, 3ss.) de *Cain*. Par contre, cela serait le résidu d'une partie perdue de *Sacrif.* à situer vers la fin du traité avant les §§ 74 (à partir des mots τέμνε δέ)–87 (I 232, 17–238, 14) que j'ai essayé de reconstituer, autant que possible, à l'intérieur du § 136.

Il est d'ailleurs sous-entendu que l'opinion avancée se présente comme une hypothèse probable parmi d'autres. Mais c'est à des hypothèses que nous en sommes réduits, sachant trop bien que l'œuvre de Philon a dû passer dans la transmission textuelle par d'innombrables vicissitudes. D'autre part, je ne suis pas vraiment à même de justifier d'une façon propre et adéquate ce passage brusque du *Commentaire Allégorique* (ici = *Sacrif.*) au premier livre de *Quaest.*

Il me reste alors à motiver le déplacement qui a affecté *Sacrif.*, quand l'œuvre gigantesque qu'était le *Commentaire Allégorique* commença par commodité à être copiée par petits extraits auxquels on attribuait au fur et à mesure différents titres (voir note finale de l'*Appendice*). La distribution étant déjà faite, on voulut sauver à tout prix l'intéressante allégorie du sacrifice qui en restait coupée et on trouva bon de l'insérer à la place qu'elle occupe maintenant et où il se trouvait être identiquement question de prémices et d'action de grâces [1]. Sans dire que, si Philon en avait opportunément traité ici même, on ne voit pas comment il n'aurait pas cité le texte capital de *Gen.* 4, 7, donc du même contexte, qui serait venu confirmer admirablement son affirmation, comme il le fait aussi ailleurs (cf. *Agric.* 127).

*Noe* est également d'inspiration philonienne. Tout le commentaire ambrosien suit pas à pas *Quaest.* depuis le § 87 du premier livre jusqu'au § 82 du second, qui en est le dernier, à l'exception cependant de certains paragraphes, en général insignifiants, dont quelques-uns, les plus longs, sont intentionnellement omis (cf. I, 91 et II, 5), pour la raison que j'évoquais ci-dessus [2]. Sont ensuite absentes ou à peine effleurées les *Questions* 8, 30, 32 et 53 du deuxième livre. Une note de Schenkl signale enfin qu'en *Noe* 25, 91 (477, 18) «post «delectent» in

---

[1] Il se peut encore que la section qui est en cause ait été d'abord détachée de l'ensemble et constituée en traité autonome, tel plus tard le *De Mercede meretricis*, puis de nouveau réintégrée, mais non plus à sa juste place.

[2] Voir supra, p. 27. Philon entre dans des élucubrations numériques d'aucun intérêt pour le prédicateur ou le pasteur moralisant.

codice archetypo excidit folium, quo ea continebantur quae apud Philonem *Quaest*. II 58 (ult.) et 59 (init.) leguntur» [1].

Il est extrêmement curieux qu'un phénomène semblable à celui qui a retenu mon attention dans le précédent commentaire paraisse s'être reproduit ici, en proportion réduite néanmoins. En effet, en *Noe 2*, 3–5, Ambroise, ayant d'abord puisé dans la petite *question* 88 du premier livre et l'ayant, pour ainsi dire, trouvée insuffisante, semble anticiper cette fois-ci et demander à *Quaest*. II, 79 (presque à la fin du livre) une plus ample allégorie.

Mais, si l'on observe de plus près, on s'aperçoit vite que si *Noe 2*, 3–5 suppose *Quaest*. I, 88, il n'en va pas de même pour *Quaest*. II, 79, les motifs en étant les suivants: la structure de *Noe 2*, 3–5 n'est pas tout à fait la même que celle de *Quaest*. II, 79. La démarche varie considérablement, bien que les analogies n'en sortent pas moins formelles et frappantes. Ambroise s'arrête longuement sur l'ordre de naissance (Sem, Cham et Japhet), tandis que *Quaest*. II, 79 met surtout l'accent sur l'ordre de génération (Japhet, Cham et Sem); de telle sorte que ce serait plutôt *Noe 2*, 5 (415, 11ss.) à avoir emprunté à *Quaest*. II, 79, et resterait alors à expliquer *Noe 2*, 3–4 (414, 11ss.). C'est seulement en 2, 5 qu'Ambroise soulève le problème de l'inversion de l'ordre, *ubi generant,* et donc ce n'est pas son premier souci que de résoudre cette difficulté, comme ce l'est pour *Quaest*. II, 79, le texte scripturaire du départ variant dans les deux cas, mais il a d'abord à commenter l'ordre primitif, *ubi generantur.*

De plus, *Noe 2*, 4 (415, 2) cite le vers de l'Iliade IV, 299: κακοὺς δ' εἰς μέσσον ἔλασσεν, alors que *Quaest*. II, 79 l'ignore. Philon le cite aussi, il est vrai, mais dans un contexte différent, à propos de *Gen*. 8, 1, en *Quaest*. II, 27. Il se pourrait toujours qu'Ambroise, qui répète, il ne faut pas l'oublier, cette citation d'Homère dans le lieu parallèle à *Quaest*. II, 27, *Noe 16*, 57 (453, 3–4), l'ait adapté arbitrairement à son cas.

Il faudrait, dans cet ordre d'idées, supposer qu'Ambroise avait une connaissance prodigieuse de Philon, pour se souvenir, au moment même qu'il avait sous les yeux la fin du premier livre de *Quaest.,* qu'à la *Question* 27 du deuxième, qu'il n'avait pas encore entrepris de suivre, il y avait tel vers de l'Iliade. En outre, la façon habituelle dont l'usager philonien se comporte m'empêche de le croire.

---

[1] Op. cit., p. 478.

Enfin, Ambroise donne ici, *Noe* 2, 5 (416, 13–14), l'interprétation du nom de Japhet que Philon remet à *Quaest.* II, 80 (voir aussi II, 76), tout en ayant l'air dans le passage correspondant à celui-ci, *Noe* 33, 124 (495, 14–15), de ne s'en être jamais occupé, puisqu'il la redonne. Cela s'explique mieux en supposant que l'auteur de *Quaest.* y retourne à deux endroits distincts.

D'où la nécessité d'admettre une lacune dans la *Question* 88 du livre 1er. Elle est, cette *Question,* actuellement d'une extrême brièveté, peut-être même la plus courte de tout le recueil.

Je dirai plus. Pour garder tel quel *Quaest.* I, 88, il faudrait alors supposer que *Noe* 2, 3–5 dépende de *Quaest.* I, 88; II, 27, 79 et 80 en même temps, et cela encore suffirait à peine, pour rendre compte pleinement du texte. Quand on connaît tant soit peu la méthode constante et régulière appliquée par Ambroise dans l'usage de Philon, on exclut totalement cette solution.

Si, d'autre part, notre auteur, ayant reproduit à l'avance *Quaest.* II, 79, avait voulu l'omettre après, pour ne pas se répéter, il serait logique d'aller au fond des choses et de demander la même omission pour *Quaest.* II, 27 et 80, ce qui est loin d'être le cas. Mais tandis qu'il ne s'arrête pas sur *Quaest.* II, 79, il ne se fait aucun scrupule d'insister sur le fait que Japhet signifie *latitudo* ou de réitérer dans les termes mêmes la citation homérique.

Une autre solution est encore possible, qui me paraît préférable. Il ne fait pas de doute que *Quaest.* a été sujet à son tour à des arrangements ultérieurs. Or, nous devrions normalement retrouver en *Quaest.* I, 88, tout ce qu'Ambroise nous dit en *Noe* 2, 3–5. Le réviseur inconnu, pour des motifs assez faciles à deviner, aurait tranché et déplacé dans une zone très éloignée une grande partie de la *Question* qui en serait ainsi sortie gravement amputée, avec la perte inévitable de quelques éléments qui n'auraient plus de traces qu'en Ambroise seul. En effet, l'Ecriture a pu elle-même suggérer le transfert, quand, en *Gen.* 10, 2ss., elle change l'ordre de succession des trois fils de Noé, en donnant prétexte à la réflexion de Philon [1].

---

[1] Mais en soi il n'est pas nécessaire d'attendre *Gen.* 10, 2, pour soulever le problème. Dès qu'apparaissent les trois fils de Noé, le commentateur, bon connaisseur de la Bible, se pose immédiatement la question. C'est vraisemblablement ce qui a dû se passer chez Philon.

Et si l'hypothèse n'est pas entièrement absurde, nous aurions là une preuve supplémentaire de la haute antiquité et de la bonne qualité des codices philoniens consultés par Ambroise.

Notons enfin que la finale de *Noe* (les trois dernières lignes) a toute l'apparence et l'allure d'une note d'influence philonienne, mais nous ne lisons rien de tel à la fin du deuxième livre de *Quaest.* qui coïncide avec celle du commentaire latin. Je ne fais là qu'une simple constatation.

J'en arrive au deuxième livre de *Abrah.* Je ne considère maintenant que les commentaires d'Ambroise qui font un usage incontesté et systématique d'un ou plusieurs ouvrages de l'Alexandrin successivement. Aussi le I^er livre de *Abrah.* ne m'intéresse-t-il pas ici. Pour celui-ci et les autres, il conviendra de faire une critique à part.

A vrai dire, chose singulière, ce livre deuxième pourrait provisoirement entrer sans difficulté dans les deux catégories à la fois. En effet, il semble à première vue que l'usage continu et homogène de Philon, plus exactement de *Quaest.*, ne commence qu'en 8, 49 (602, 13) avec *Quaest.* III, 1. Je crois cependant avoir trouvé la réponse à cette apparente inconséquence.

Une certaine inconséquence se note aussi dans l'emploi lui-même: de 8, 49 à 10, 76 (602, 13–629, 7) notre livre se sert systématiquement et sans la moindre interruption de *Quaest.* III, 1–20. De 10, 77 à 11, 93 (629, 7–638, 21), fin du commentaire, c'est à *Quaest.* III, 44–66, fin du III^e livre, qu'il se réfère sans cesse, sauf cependant les §§ 45, 48, 49, 54, 56 (les deux dernières phrases) et 59. J'hésite quant à *Quaest.* III, 40 et 43, respectivement en *Abrah.* II, 10, 76 et 77 (628, 22–630, 2), mais j'incline plutôt à penser qu'il n'y a eu, à proprement parler, aucun contact sérieux, ou tout au moins qu'un faible contact «per transennam». Autrement dit, manquent en Ambroise tous les paragraphes de 21 à 43 du troisième livre de *Quaest.*, qui contiennent en gros l'histoire de la persécution d'Agar de la part de Sara, de sa fuite au désert avec Ismaël et suite (*Gen.* 16, 1–17, 5).

Je crois facilement conjecturer le pourquoi de cette omission. Le récit d'Agar fait également l'objet de traités spéciaux parmi les traités philoniens, «nominatim» *Congr.* et *Prof.* ou *De Fuga et inventione,* selon une plus juste appellation. En général, *Quaest.* et *Quaest. Ex.* font, «mutatis mutandis», doublet avec les traités dits allégoriques ou expositifs de la Loi. Nous en avons un exemple dans le cas qui nous intéresse. Le copiste qui est à l'origine des manuscrits «ambrosiens» de Philon, connaissant bien cette propriété du juif alexandrin, pour s'éviter à lui-même une fatigue inutile, aurait-il supprimé de son propre chef ces quelques *Questions* intermédiaires relatives à *Gen.* 16, 1–16 [1]? On verra plus tard que c'est précisément comme celà qu'il faut tâcher d'expliquer nombre de lacunes et toutes sortes d'inconvénients qui sont venus troubler l'état textuel d'autrefois [2].

Ou bien, dans l'histoire d'Abraham, Agar n'étant qu'un épisode marginal et une sorte de parenthèse, notre auteur ne s'en inquiète pas autrement et passe outre. Ou encore, le commentaire d'Ambroise accuse un manuscrit lacuneux de *Quaest.* pour des motifs qui nous échappent. Mais ce ne sont là que de simples hypothèses.

Le deuxième livre de *Quaest.*, tel qu'il se présente dans la traduction arménienne, termine avec le verset 9 du chapitre 10, c'est-à-dire au sujet des descendants de Caïn. Le troisième reprend le commentaire avec *Gen.* 15, 7, c'est-à-dire au beau milieu de l'histoire d'Abraham, et non pas à son début, comme l'on s'y attendrait normalement.

Manque donc de facto, dans la suite du commentaire de *Quaest.*, toute la considérable partie intermédiaire qui va de la fin du ch. 10 au début du ch. 15. C'est proprement surprenant, surtout si l'on songe que de tout *Quaest.* qui nous est parvenu (jusqu'à *Gen.* 28, 9), on se trouve avec le vide de deux chapitres (*Gen* 21 et 22) affectant le IVe livre arménien, en face des seuls passages importants qui soient dépourvus de commentaire.

La surprise ne fait que s'accroître, si l'on songe également que la coupure du texte, qui est celle du commencement du IIIe livre, n'est pas naturelle, car l'histoire d'Abraham est prise à un stade déjà ultérieur.

Mais, chose qui laisse encore plus perplexe, on remarque ensuite que ce IIIe livre est de beaucoup le plus pauvre en paragraphes, sinon le plus court au point de vue de la quantité matérielle, en comparaison des trois autres restants (62 paragraphes par rapport aux 100 du premier, aux 82 du deuxième et aux 245 du quatrième anormalement démesuré). Sans aucun doute, celle qu'atteste la version arménienne ne

---

[1] *Congr.* et *Fuga* traitent en effet parallèlement de ce thème.

[2] Le Philon d'Ambroise ne serait donc pas toujours non plus indemne de ce genre de décompositions.

reflète pas vraisemblablement la division primitive, car la dispropor-
tion serait trop grande [1].

On a au surplus de bons arguments pour se convaincre que cette
lacune n'existait pas à l'origine. En effet, «un fragment grec, qui se
rapporte (extérieurement) à Genèse XIV, 18, nous confirme dans la
pensée que cette lacune n'était pas nécessairement du fait de Philon» [2].
On ne voit pas d'ailleurs très bien comment il n'y aurait pas eu, pour
un Philon si scrupuleux et pointilleux, de difficultés à résoudre dans
ces quelques chapitres.

Quoi qu'il en soit, il est très peu probable qu'Ambroise entreprenne
de suivre *Quaest.* de but en blanc et, ce qui donne à réfléchir, avec
le début même du livre III, seulement après plusieurs chapitres de
son ouvrage.

La chose, en soi, pourrait être interprétée différemment, à savoir
qu'Ambroise ne s'est attaqué aux *Questions* qu'aussitôt qu'il a pu en
disposer, en donnant alors raison à la lacune à laquelle il ferait sem-
blant de s'être aussi heurté. Du reste, un procédé analogue, on l'a
déjà rencontré à propos de *Cain* où *Sacrif.* et *Quaest.* se succèdent
tout aussi brusquement.

Mais qu'Ambroise se mette à imiter *Quaest.* en plein milieu de l'ouvrage (ce qui pourrait encore se justifier, comme c'est le cas, avons-
nous vu, en *Cain*) et qu'il commence exactement avec la première
*Question* d'un livre (ce qui n'est pas le cas en *Cain*), cela me paraît
une bien étrange coïncidence. Nous savons par ailleurs que la lacune
en question n'a pas toujours existé et qu'elle est due uniquement à
la mauvaise tradition manuscrite des œuvres de Philon en général.
Mais déjà à partir d'une telle constatation, nous serions amenés à argu-
menter que la *Question,* qui pour nous est la première du IIIe livre,
en était peut-être la énième pour Ambroise, lui n'ayant pas nécessairement connu l'éventuelle mutilation.

De toute façon, même en admettant qu'il y eût une lacune, on
cherche tout naturellement à savoir ce qu'Ambroise a eu sous les yeux
dans les pages précédentes à l'entrée en scène inopinée de *Quaest.,*
savoir de 1, 1 à 8, 48 (564, 4–602, 12) de *Abrah.* II. Car, c'est un fait

---

[1] Cf. Petit, *L'ancienne version latine,* vol. I, pp. 4–6. Voir ensuite E. Lucchesi,
*La division en six livres des «Quaestiones in Genesim» de Philon d'Alexandrie.*

[2] Voir Massebieau, *Le classement,* p. 9. On peut voir le fragment en question,
ainsi que l'indique le même auteur, dans Harris, *Fragments of Philo,* pp. 71–72.

auquel on ne saurait ne pas être sensible, l'exégèse qui précède n'est pas d'invention proprement ambrosienne (il suffit d'une simple lecture ou d'un simple coup d'œil et d'un peu de familiarité avec ses écrits exégétiques, pour s'en douter), mais bien plutôt d'autre dérivation, et ressemble étrangement à la suivante et, généralement parlant, à celle de Philon.

Il faudrait donc admettre, dans ce cas, une source philonienne distincte de *Quaest.* Mais on aurait alors qu'Ambroise abandonne sa première source, que l'on suppose épuisée ou devenue insuffisante pour sa cause, là où elle coïncide avec le début du IIIᵉ livre de *Quaest.* qui reprend ainsi le commentaire juste où le laissait cette source *x*. Ce qui, disais-je, ne peut être le fruit du hasard. Et les difficultés ne diminuent pas, quand on cherche à l'identifier.

On a tenté d'y voir, non sans raison, quelques réminiscences de *Migr.*, mais je m'empresse de souligner qu'il n'en peut pas être ainsi. Je n'irai pas jusqu'à dire qu'Ambroise n'avait pas connaissance de *Migr.*, mais seulement qu'il ne l'a visiblement pas exploité à cette occasion du moins.

Nous repérons dans Schenkl 14 références à *Migr.*, toutes avant 8, 49 [1]. Les lieux référés sont cependant trop épisodiques et disséminés, pour qu'on puisse en tirer profit, et ne sauraient avoir exercé une influence directe sur *Abrah.* II. S'il y a de réels et fréquents points de rencontre, cela tient principalement au fait que Philon aime à se répéter (c'est un philonisme acquis) et aussi au parallélisme de *Quaest.* et des traités allégoriques proprement dits.

A fortiori, cela vaut pour les références lointaines à *Cher.* (1), à *Mutat.* (1), à *Deter.* (2), à *Her.* (1), à *Leg.* (2), à *Opif.* (1) et à *Sacrif.* (1).

Il est inutile de dire qu'un tel assortiment n'est pas concevable et n'est même pas à envisager. Nous aurions là une vraie mosaïque et toute une gamme de traités philoniens excessifs surtout de par leur nombre, on en conviendra. Néanmoins, ces contacts nous sont évidemment précieux, ne fût-ce que pour nous faire soupçonner une autre source toujours en Philon. Les textes invoqués, alors qu'ils sont intrinsèquement incapables de tout expliquer, présentent au contraire, à plus approfondir, des divergences souvent minimes, mais embarrassantes, là même où ils semblent être à l'origine de tel ou tel passage d'Ambroise.

---

[1] Voir *Abrah.* II (565, 10.14.17.18.20; 566, 4; 568, 10.12; 569, 6; 570, 8.15; 581, 23; 591, 5; 594, 14).

Prenons, par exemple, *Migr.* qui est le mieux représenté de tous et qui est très révélateur à cet égard. On note avant tout que certaines références données ne sont pas absolument normatives, mais indicatives tout au plus. Quantité d'autres plus décisives sont en outre trop distancées les unes des autres, quand elles ne sont point dans le désordre, pour pouvoir servir de stricts parallélismes. En bref, entre tous les textes les plus rigoureusement rapprochés, la ressemblance n'est pas aussi profonde qu'elle ne le promettait, du moment qu'ils ne se recouvrent pas exactement sur tous les points. Si bien que le rapprochement est souvent trop extérieur et radicalement insuffisant, au fur et à mesure qu'on pousse plus loin la comparaison et que l'on s'applique à une analyse minutieuse.

D'autre part, un lecteur avisé et expérimenté sent derrière le vernis latin, la pensée, le vocabulaire et le style de Philon. J'ai retenu, comme étant très significatif, un seul exemple: *Abrah.* II, 2, 5 (567, 20ss.). La distinction entre *Deus* (θεός) et *Dominus* (κύριος) est éminemment philonienne et Ambroise n'a pu la trouver qu'en Philon seul (voir, entre autre, *Quaest.* II, 16, 53 etc.).

Il ne me reste plus alors qu'à dire un nom: *Quaest.* Sur l'existence d'une lacune entre le deuxième et le troisième livre, nous renseigne le fragment signalé plus haut. Mais déjà l'aspect et la forme elle-même du commentaire d'Ambroise ne trahissent-ils pas le type de modèle regardé qui est celui de *Quaest.?* La manière de procéder, par petits morceaux juxtaposés sans aucune liaison ni amples digressions, est semblable en tout à celle de *Noe* et de la partie suivante de *Abrah.* II, à partir de 8, 49, qui dépendent, nous le savons, de *Quaest.* Par le principe d'identité, on pourrait inférer qu'ici encore nous sommes en présence d'une source égale et aux mêmes caractéristiques et propriétés, bref que nous avons affaire à un livre de *Quaest.*

Et puis, le *denique* de *Abrah.* II, 8, 49 (602, 13), loin de causer une rupture ou une simple discontinuité dans l'écoulement et la suite du commentaire (puisque le passage soudain et inattendu d'un modèle à un autre devrait se sentir dès les premiers mots, et non pas être marqué par un «donc»), ne laisse-t-il pas plutôt supposer qu'entre ce qui précède et ce qui suit il y ait une conformité foncière?

Il n'est donc pas téméraire de voir dans la partie perdue de *Quaest.* (*Gen.* 10, 10–15, 6), l'écrit philonien qui se dissimule derrière *Abrah.* II, 1, 1–8, 48 (564, 4–602, 12).

Les *Questions* relatives au début de l'histoire du patriarche, depuis

*Gen.* 12, 1 jusqu'en *Gen.* 15, 6, dont témoigne notre *Abrah.* II, pouvaient figurer dans le troisième recueil, étant donnée sa brièveté un peu anormale (à entendre au sens, non de l'étendue proprement dite, mais du nombre des subdivisions internes, soit des numéros de paragraphe). Par contre, les *Questions* se rapportant en gros aux descendants de Sem, à la tour de Babel et aux ancêtres d'Abraham (ch. 10–11) pouvaient être contenues à la fin du deuxième. Le troisième devait aborder directement la vocation d'Abraham (*Gen.* 12, 1) [1]. C'est en effet de là que *Abrah.* II prend son point de départ. Mais rien n'oblige de s'en tenir à ce schéma.

Je reconnais volontiers que *Quaest.* II, ainsi qu'il apparaît dans la traduction arménienne, offre une conclusion peu plausible (*Gen.* 10, 9) [2]. Mais comme *Noe* termine quasi en même temps que le deuxième livre de *Quaest.* et qu'il serait plus difficilement admissible que deux livres successifs résultent l'un mutilé de sa fin, l'autre de son début, j'avance l'hypothèse, qui finalement me paraît la meilleure, d'un livre entier disparu entre le deuxième et le troisième, qui deviendrait en réalité le quatrième, à restituer en partie à l'aide de *Abrah.* II, 1–8, 48 [3].

En conclusion, le problème de division est «hic et nunc» d'une importance relative et secondaire. On enregistre en fin de compte un résultat des plus satisfaisants et on peut se réjouir de remédier partiellement à une grande perte. C'est grâce au commentaire d'Ambroise qu'il nous est donné d'avoir accès indirect aux *Questions* de *Gen.* 12, 1 à 15, 6, soient-elles du deuxième ou du troisième livre ou encore d'un livre perdu, et d'en connaître sommairement par son moyen le contenu et la doctrine [4].

D'après un calcul approximatif, il y aurait place pour environ 40 *Questions*. A supposer qu'Ambroise ne les ait pas toutes copiées, nous arriverions aisément au nombre de 45. Et si elles appartenaient au livre III, ce que je crois assez peu probable après tout, celui-ci s'élèverait d'un coup à une bonne centaine de *Questions* (62 + 45?). Tandis

---

[1] Peut-être remontait-il jusqu'à ses ancêtres.

[2] Voir ci-dessus, p. 39: il s'agirait toutefois de quelques lignes, somme toute, négligeables.

[3] Voir encore mon article cité p. 44, n. 1.

[4] Voir à ce propos Lewy, *Neue Philontexte*, pp. 23–71. L'auteur avait déjà entrevu en *Abrah.* II, la partie perdue de *Quaest.* (*Gen.* 12, 1–15, 6). Je ne suis cependant pas d'accord avec toute la position de Lewy qui voit aussi en *Abrah.* I, 1, 1–4, 22, au même titre qu'en *Abrah.* II, 1, 1–8, 48, une «Überarbeitung» d'Ambroise (voir ibid., p. 26).

qu'un livre autonome portant plus ou moins sur *Gen.* 10–15 pourrait, à lui seul, atteindre facilement au total la somme de 70 paragraphes, et même davantage, et avoir par conséquent suffisamment de matière et de consistance. Cette dernière solution aurait l'avantage de ne pas porter atteinte aux livres II et III (il suffirait seulement d'éliminer le petit décalage de numérotation), la disparition d'un livre à intercaler entre les deux étant moins dommageable pour le reste de l'écrit.

Aucher, en déplorant cette perte dans une note à la fin du IIe livre de *Quaest.,* faisait déjà remarquer dans quel sens il fallait diriger la recherche: «... diligenter notandum quod sequens liber sive Sermo tertius incipit ex Genes. cap. XV, vers. 7. cum antecedens conclusus fuerit in cap. X v. 9. nescitur ergo auctorne, an amanuensis praetermiserit intercedentia. Si revera desint aliquot capita in Philone Armeno, facile credam ea suppleri posse ex Ambrosii lib. I. de Abraham; sicut in sequentibus auctoris nostri verbis videmus solitam imitationem, quam praesefert idem Ambros. in lib. II. de Abr.» [1]. Il aurait dû cependant s'apercevoir qu'il s'agissait de suppléer avec le même livre II de *Abrah.* plutôt qu'avec le 1er, qui, de tout autre espèce quant au mode d'élaboration et à la méthode employée, est par-dessus le marché vraisemblablement étranger à toute influence philonienne, comme on le verra un peu plus loin.

On voudra bien, d'autre part, me dispenser provisoirement d'aborder le pourquoi de cette disparition en bloc. Cela, n'étant pas le propre de *Quaest.,* entre, me semble-t-il, dans le problème plus vaste, qui me retiendra en temps voulu, des suppositions de la décimation en masse subie par l'ensemble de l'immense production philonienne.

Quelle que sera par ailleurs la solution envisagée, on parvient toutefois à éclairer le mystère de cette apparition intempestive de *Quaest.* à l'intérieur de *Abrah.* II. Il s'ensuit qu'Ambroise qui trouvait dans ses *Quaest.* de Philon, une partie tout au moins de la lacune existante entre les livres deuxième et troisième ne peut en aucune façon dépendre de la IIe édition de Césarée, car c'est d'elle que dérive la version partielle de l'arménien. Ce qui ne fait qu'étayer mes conclusions antérieures.

Enfin, des emprunts apparemment directs et indiscutables au *De Fuga et inventione* (ou *Prof.,* selon une dénomination plus tardive [2])

---

[1] *Paralipomena Armena,* p. 166.

[2] J'emploie de préférence cette appellation, pour éviter toute confusion avec le titre presque homonyme du commentaire *Fuga* d'Ambroise.

sont au premier abord manifestes en *Fuga* qui compte parmi les commentaires d'Ambroise faisant un usage compact et certain de Philon d'Alexandrie. Et même s'ils sont de toute petite proportion et moins systématiques que les précédents, ils n'en sont pas moins vrais et moins formels pour autant. *Fuga* passe donc habituellement pour un ouvrage débiteur envers Philon [1].

Une allusion implicite à ce dernier, en *Fuga* 4, 20 (P. 2, 180, 11–13), semblerait amplement suffire pour en prouver l'ascendance: «in hymnis uel oraculis a plerisque, ut ante nos scriptum est, Bathuel sapientia dicitur, interpretatione autem Latina filia dei significatur» (comp. *Epist.* 19, 2: PL XVI, 983A). Ce ne peut être à première vue personne d'autre que lui, car nous lisons précisément en *Prof.* 50 (III 121, 4–5): σοφίας δὲ ὄνομα Βαθουὴλ ἐν χρησμοῖς ἄδεται, τοῦτο δὲ μεταληφθὲν θυγά- τηρ θεοῦ προσαγορεύεται.

Malheureusement, l'usage par trop irrégulier et fragmentaire et non moins incohérent d'Ambroise [2] ne permet pas, en raison de cela même, de procéder à une critique littéraire aussi poussée et systématique que celle que je viens d'établir pour d'autres traités philoniens.

Mais, si les éléments pour une critique littéraire solide et à grande échelle font défaut, on peut tout de même en tirer suffisamment parti pour une critique textuelle sérieuse. On s'en était aperçu depuis bien longtemps, Ambroise est, parmi les témoins connus de Philon, plus d'une fois le seul à avoir conservé une bonne leçon, voire même la seule possible, ou à être susceptible d'améliorer un texte philonien peu satisfaisant dans son état actuel.

---

[1] Le jugement de Schenkl est prononcé de manière à ne pas laisser l'ombre d'un doute: «Opusculi de fuga saeculi argumentum et materiam ex Philonis libro de profugis sumpsit (sc. Ambrosius) remque ita tractauit, ut quae ex exemplo sibi proposito recepit locis aliquot ad uerbum exprimeret, multo saepius suis verbis explicaret» (P. 2, p. XVII).

[2] Les références à *Prof.* se succèdent (selon la pagination de Mangey qui est aussi celle de l'apparat critique de Schenkl) dans l'ordre suivant: I 559, 1; 559, 12; 559, 21; 559, 17; 559, 42; 560, 9; 561, 48; 562, 11; 563, 27; 563, 31; 553, 30; 552, 41; 552, 31; 572, 13; 564, 44; 565, 1; 565, 7; 571, 19; 571, 23; 571, 29. De même que, si l'on aligne maintenant les références à l'édition clas- sique, dont Schenkl ne pouvait encore disposer dans sa totalité, de Cohn-Wend- land, adoptées systématiquement dans le cadre de cette étude, la succession sera la suivante: III 127, 23; 128, 7; 128, 13; 128, 10; 129, 13; 130, 1; 132, 27; 133, 10; 135, 4; 135, 6; 121, 4; 119, 18; 119, 11; 148, 10; 136, 25; 137, 5; 137, 10; 146, 22; 147, 3; 147, 7.

Exempli gratia, en *Prof.* 52 (III 121, 20), après αἰῶνα, le texte semble être lacuneux: la lacune est effectivement confirmée et facilement comblée grâce au parallèle de *Fuga* 4, 21–22 (181, 1ss.). Egalement, en *Prof.* 89 (III 128, 14), après ἐστὶν on signale généralement une lacune, à combler à l'aide de *Fuga* d'Ambroise 2, 7 (167, 19ss.).

De même *Fuga* 2, 9 (169, 10ss.) supplée à une lacune due à la distraction d'un copiste. Philon, alors qu'il annonce, en *Prof.* 95 (III 130, 6ss.) cinq facultés ou puissances divines, en énumère après seulement quatre. Manifestement, le scribe est passé inconsciemment d'un premier νομοθετική *(legis diuinae contemplatio, quae praecipit quid faciendum sit)* à un second νομοθετικῆς suivi de μοῖρα *(portio legis, quae praescribit quid non faciendum sit)*, les deux membres étant grammaticalement corrélatifs et antithétiques (phénomène courant d'haplographie).

En *Prof.* 44 (III 119, 11), au lieu de τάς... λαμπρότητας, Ambroise, *Fuga* 5, 26 (185, 13), semble lire dans son manuscrit de base: τὰ... λαμπρότερα *(splendidiora)*. En *Prof.* 45 (III 119, 18), au dire de Mangey[1], «nonnulli codices» ont ὑπομονῆς à la place de ἐπιμονῆς. En effet, Ambroise donne l'impression de connaître aussi bien l'une que l'autre des leçons, en *Fuga* 4, 21 (181, 14): «patientia uel perseuerantia» et 22 (181, 20): «patientiae... et perseuerantiae.» En *Prof.* 97 (III 131, 5), le texte concordant de *Fuga* 2, 10 (170, 10): «bonum illud summum» vient confirmer une conjecture de Mangey[2] qui propose μεγάλου, tandis que tous les codd. ont μεγάλη, la variante mangeyenne s'accordant mieux avec les mots κτῆσις ἀγαθοῦ suivants.

En outre, Wendland, en s'appuyant sur le témoignage d'Ambroise, *Epist.* 4 (27), 7 (CSEL LXXXII, 29, 57), ajoute en *Prof.* 16 (III 113, 6), καὶ πλούσιαι entre γάρ et καί, en début de paragraphe, et change, d'après la *Lettre* 8 (Maur.), 2 et 4 (PL XVI, 912B–913A), les ὗλαι de *Prof.* 134 (III 138, 11.13) en ὕλη *(materia)*, le dernier ἰδού, ibid. (138, 12), en ἀλλά, et le ἀρετῇ de 139 (140, 2) en ἀρετῆς, d'après 8, 7. Ensuite, en *Prof.* 127–128 (III 137, 4–5), la variante Δωθαείμ *(Dothaim)* attestée par Ambroise, *Fuga* 8, 47 (200, 15–16), semble préférable à la leçon Δωθαεῒν des manuscrits: cf. *Deter.* 28 (I 264, 10). Il est enfin évident qu'Ambroise, *Fuga* 2, 13 (173, 18), lisait dans son «Philon», *Prof.* 117 (III 135, 8), ἑκουσίοις *(uolontariis)*, et non pas ἀκουσίοις (codd.): ce qui apporte, outre l'originalité, aussi une meilleure intelligence du texte[3].

---

[1] *Philonis Judaei opera,* vol. I, p. 552, n. *p.*

[2] Ibid., p. 560, n. *c.*

[3] Il est clair qu'à partir de ces constatations, rien ne permet de remonter

Mais on peut dire, de façon générale, qu'Ambroise «interdum tam incommode Philonis verba vertit, ut nisi comparato Philoneo exemplari intelligi non possit (v. e. gr. p. 141, 1.2), interdum ne intellexit quidem...» [1]. C'est le cas de *Prof.* 136 (III 138, 17–18), où le grec ἄριστον γὰρ ἱερεῖον ἡσυχία καὶ ἐποχὴ περὶ ὧν πάντως οὔκ εἰσι πίστεις donne en Ambroise (cf. *Epist.* 8, 3: PL XVI, 913A): «quo ostenditur bonum sacrificium esse sapientiam et prudenter emerendi ac propitiandi rationem cognoscere.» A moins qu'il ait lu ἡ σοφία pour ἡσυχία, ce qui n'est pas entièrement exclu, et qu'il n'ait plus alors compris la suite de la phrase, en donnant lieu de ce fait à de fâcheuses conséquences.

Ambroise ne respecte pas non plus le sens, bien qu'il soit paradoxalement fidèle à la lettre qu'il enregistre distraitement, comme à l'usuel, lorsque *Fuga* 8, 47 (200, 18): «sapiens enim quando minuit addit» ne rend pas tout à fait l'original, pourtant simple et intelligible, de *Prof.* 128 (III 137, 10) ainsi libellé: ὁ δὲ σοφὸς καὶ «ἐκλείπων προστίθεται» (cf. *Gen.* 25, 17).

A ce propos, ce qui fait surtout la singularité du commentaire d'Ambroise par rapport à ceux que je viens d'analyser, c'est que, contrairement à sa technique coutumière d'imitateur consommé et quasiment servile, pour ne pas dire plagiaire, il devient tout à coup plus indépendant à l'égard de sa source, ce que je faisais toucher du doigt en dressant la liste peu logique des quelque 20 références repérées, et se soumet moins au plan et à la distribution reçus d'autrui.

Or, quand on connaît un Ambroise jusque-là excessivement respectueux de la disposition et du développement donnés des écrits du maître (quelle que soit par ailleurs son identité), on se méfie quelque peu de la nouveauté et on se demande à juste titre si cette ressemblance à Philon, qui d'autre part s'impose d'elle-même, n'est pas en fait que superficielle et ne cache pas en vérité une autre source plus importante qui viendrait s'interposer.

On observera du reste, non sans surprise, qu'une plus grande place est faite aux citations de l'Ecriture sainte, en général, et du Nouveau Testament, en particulier. Une des notes caractéristiques des commentaires qui ne sont pas sous l'influence directe de Philon d'Alexandrie [2].

---

plus haut que les chefs de file G et H, du moment que nous ne possédons pour *Prof.*, qu'une unique édition césaréenne et aucun témoin antérieur à Césarée.

[1] Wendland, vol. III, p. XIV.
[2] Cf. p. 26 et infra, p. 65 et n. 1.

Sont pareillement à signaler deux références à *Leg.* [1] qui, quoiqu'elles ne soient pas si écrasantes et décisives qu'initialement elles
en avaient l'air, prêtent quand même matière à réflexion. Ambroise
ferait-il exception à une loi bien connue de son exégèse? Il est en effet
acquis par tout ce qui précède qu'il ne regarde pratiquement jamais
plusieurs traités philoniens (et, ajouterais-je, non philoniens) simultanément et que d'ailleurs sa connaissance de Philon ne devait pas être si
vaste et assimilée, pour qu'il fût à même de glaner ici et là sans distinction, d'abord dans tel écrit, puis dans tel autre avec aisance, par choix
délibéré ou au seul gré de sa mémoire [2].

Et puis l'allusion plus ou moins explicite à Philon que je citais ci-
dessus *(in hymnis uel oraculis a plerisque, ut ante nos scriptum est,
Bathuel sapientia dicitur etc.)* ne dit-elle pas plutôt qu'Ambroise n'a pu
lui-même vérifier l'existence de ces «plusieurs» interprètes, mais qu'il
parle au nom d'un autre *(ut ante nos scriptum est)*? Si c'était à Philon
qu'il se référait normalement (car il n'y a chez lui aucune mention
de «plusieurs» à avoir donné cette interprétation), il aurait dû dire
«in hymnis uel oraculis, ut a plerisque [3] scriptum est, Bathuel etc.»,
et non pas «in hymnis uel oraculis a plerisque, ut ante nos scriptum
est, Bathuel etc.» Il y a là une nuance à ne pas négliger.

Une série de questions se posent alors impérieusement: que signifie
exactement cette innovation? Ambroise a-t-il vraiment, dans notre
cas, connu le Philon de *Prof.* ou un quelconque auteur qui lui est
redevable à son tour? N'aurait-il donc imité Philon que par l'intermédiaire d'un autre, tel un Philon, disons, de seconde main [4]? Qui
serait alors ce médiateur? Voilà autant de questions auxquelles il ne
sera possible de répondre qu'après avoir étudié, dans le chapitre suivant, les commentaires qui restent d'Ambroise ayant quelques affinités
littéraires avec les traités de l'Alexandrin.

---

[1] Voir *Fuga* (172, 1; 201, 1 Schenkl, P. 2).

[2] De toute autre nature est le problème posé par les citations classiques
(littérales ou pas). Cf. p. 2, n. 6.

[3] Le collectif «plerique» et autres expressions semblables, dans le langage
ambrosien, peuvent parfois désigner vaguement Philon (voir supra, p. 25).

[4] Ce n'est pas autrement en effet que j'expliquerai les multiples allusions
tacites à Philon dans des commentaires qui ne sauraient être aucunement de
souche philonienne directe. *Fuga* constituerait en quelque sorte l'élément de
conjonction ou, plus exactement, le pont qui ferait le passage entre les deux
catégories de commentaires (voir à la p. 63, note 2), mais entrerait mieux dans
celle que je vais entamer dans le chapitre suivant.

# IV.

## Y A-T-IL DES SOURCES INTERMÉDIAIRES ENTRE PHILON ET AMBROISE?

Nous avons eu affaire jusqu'à présent à certains commentaires bibliques sur la Genèse dans lesquels Ambroise suit presque au pied de la lettre des traités philoniens.

Dans les recherches faites, il a été aisé de constater que jamais deux ou plusieurs traités de Philon qui ont exercé une influence hors de doute ne se superposent, ne s'entremêlent ou ne s'enchevêtrent dans un même commentaire d'Ambroise. S'il arrive que celui-ci abandonne, quel qu'en soit le motif, un modèle longuement utilisé en échange d'un autre au cours du même écrit, on peut être sûr d'avance que, aussi longtemps qu'il en aura un sous les yeux, il s'en tiendra servilement à son dessein, sans jamais s'en départir ou simplement y déroger, en faisant intervenir d'autres compléments de provenances diverses.

C'est là une caractéristique, je serais tenté de dire une constante de l'usage de Philon dans les ouvrages analysés [1]. Caractéristique qui se détache sans peine d'une lecture concomitante des traités parallèles. Toutefois, on peut, à titre provisoire, se passer de tout un long et patient travail de collation et prendre un chemin plus facile et plus rapide, pour s'en assurer à bon compte. On n'a pour cela qu'à compulser les deux premiers volumes de saint Ambroise édités par Schenkl dans le C.S.E.L. (t. XXXII).

---

[1] Il en va de même pour l'usage d'autres maîtres dans d'autres ouvrages à caractère exégétique ou non. Je pense ici en particulier au *de Officiis* de Cicéron pillé jusqu'au titre par Ambroise qui en a fait le fondement de son éthique chrétienne (on trouvera un exposé synthétique des problèmes soulevés, avec les principaux titres de bibliographie, dans l'article de Hiltbrunner, *Die Schrift « De officiis ministrorum » des hl. Ambrosius und ihr ciceronisches Vorbild*).

L'éditeur a mis au bas de la page, chaque fois qu'il y avait lieu, toutes les références possibles à quelque traité de Philon que ce soit [1]. Afin d'avoir un panorama complet, je les ai moi-même classées ensemble et coordonnées entre elles (voir tableau synoptique en annexe I).

Ainsi, par exemple, rien que pour le commentaire moyen qu'est *Cain,* 151 seraient les lieux où *Sacrif.* est de quelque manière exploité. *Quaest.* l'emporte cependant avec 180 possibilités, notamment 86 en *Noe* et 59 en *Abrah.*

On ne peut s'empêcher de reconnaître la majorité écrasante de ces deux traités de Philon [2]. Déjà de tels chiffres sont par eux-mêmes éloquents. Mais ce n'est qu'à la lecture critique de ces textes que l'on peut mesurer dans toute son ampleur et dans sa portée véritable, l'influence exercée, car ces mêmes chiffres pris «in abstracto» pourraient être à la limite source de confusion, s'ils étaient mal interprétés. En effet, tandis que des 23 rencontres possibles avec *Prof.* de Philon, 20, toutes en *Fuga,* semblent au moins devoir être retenues comme pratiquement sûres, j'ai par contre déjà eu l'occasion de montrer comment, à titre d'exemple, 6 des 10 références à *Deter.,* à la fin de *Cain,* ou encore une des très nombreuses à *Quaest.,* au début du même livre, etc., ne résistent pas à une critique textuelle et littéraire serrée et se révèlent inexactes.

Il ne suffit donc pas de découvrir un type quelconque de ressemblance avec tel ou tel trait, telle ou telle idée de Philon, pour en conclure un peu hâtivement qu'il s'agit là aussi d'une présence dissimulée du juif alexandrin, en dépit même du fait que, dans bien d'autres cas de cette même série de commentaires sur l'Ancien Testament, l'authenticité de l'inspiration philonienne ne fait absolument aucun doute.

A s'en tenir uniquement au tableau tracé, la tentation serait très grande d'étendre l'influence constatée et vérifiée ailleurs à tous ceux des commentaires ambrosiens qui paraissent se comporter de cette

---

[1] Les références, qui sont d'ailleurs loin d'être exhaustives, ne sont pas toutes apodictiques, mais elles continuent de garder une haute valeur indicative dans leur inexactitude même. Elles s'étendent également à d'autres auteurs sacrés et profanes.

[2] De pareilles statistiques, il est bon de le répéter, ne sont évidemment pas à prendre pêle-mêle, sans discrimination ni critique préalables (c'est l'objet même de ce chapitre que d'opérer une sélection judicieuse, en dissociant de l'ensemble ce qui s'avérera être d'emploi incertain), mais il reste qu'elles sont très précieuses et utiles pour nous en faciliter la tâche.

même façon, à savoir qu'ils présentent d'étranges similitudes verbales et conceptuelles, surtout quand le total des références recensées est, relativement à un seul traité-modèle, du nombre préoccupant de 53 (voir *Leg.*), réparties essentiellement sur *Par.* et *Abrah.*, ou de 18 (voir *Migr.*), toujours dans ce dernier livre.

Mais en fait ces données numériques sont imprécises et flottantes. C'est pourquoi, si l'on creuse un peu plus en profondeur et que l'on discute le bien-fondé de ces références, on se désabuse aussitôt. On s'aperçoit alors que pour bon nombre de commentaires qui auront à entrer dans une catégorie nouvelle, Ambroise ne se contente plus de suivre Philon de façon systématique et harmonieuse, mais, contrairement à ce qu'on aurait pu attendre, il change en apparence de méthode et se fait une norme de puiser dans différents traités à la fois, même disparates, et de façon on ne peut plus discontinue et fragmentaire.

Il a déjà été question de la place de *Migr.* en *Abrah.* II. Je pensais que les ressemblances, indéniables du reste, étaient à expliquer autrement que par une rencontre voulue et consciente des deux écrits [1].

Cela apparaît encore plus clairement en *Par.* pour lequel *Leg.* et *Quaest.* semblent à première vue se disputer le primat d'inspiration [2]. Mais on a parfois besoin de tous deux et encore cela ne suffit pas, pour rendre compte totalement de certains amalgames. En outre, *Opif.* y aurait aussi sa place à un endroit où il est question de la fameuse allégorie philonienne du νοῦς et de la αἴσθησις qu'on lit précisément en *Opif.* Et ainsi de suite [3].

Malgré ces allusions plus ou moins manifestes, il y a lieu cependant de douter que Philon soit ici également la source directe d'Ambroise. Là, par exemple, où il est question de l'allégorie du fleuve Géon [4], on est un peu dans l'embarras quant au choix de la source. L'allégorie est donnée soit en *Leg.*, soit en *Quaest.* [5], mais avec une légère variation. Tandis qu'en *Quaest.*, Géon sera le symbole de la sobriété (bien

---

[1] Voir ci-dessus, pp. 45–46.

[2] Schenkl propose 28 références à *Leg.* à côté cependant de 18 à *Quaest.* etc. (voir ad loc.), mais qui se succèdent de manière tellement imbriquée et incohérente, qu'il est difficile, déjà de par leur disposition même, de les accepter telles quelles.

[3] Par exemple, aussi *Abr.* figurerait en *Par.* 3, 19 (277, 15ss.).

[4] Voir *Par.* 3, 16 (275, 11ss.).

[5] Voir *Leg.* I, 68 (I 78, 24) et *Quaest.* I, 12.

que *Quaest.* ne développe pas autant que *Leg.* l'allégorie des quatre
fleuves du paradis), en *Leg.* il sera le symbole du courage et, par conséquent, le Tigre le sera de la tempérance en *Leg.* et du courage en
*Quaest.* Or, Ambroise converge avec *Quaest.* quant à l'allégorie des
fleuves, mais il présuppose également *Leg.* qui développe davantage
cette exégèse. Toutefois, pour comble de malheur, on ne trouve nulle
part dans lesdits traités, la signification du nom Géon donnée par
Ambroise: «quia significat nomen hoc (Geon) quendam terrae hiatum.»
D'où lui vient cette interprétation?

De même, les Assyriens, qui habitent en face du Tigre, sont interprétés en *Par.* [1], *dirigentes,* tout comme en *Leg.* [2], εὐθύνοντες, mais
cela prend un tour tout à fait autre et imprévu chez Ambroise, en
réclamant ainsi une autre source à rechercher en Philon même ou
ailleurs. En effet, pour Philon les Assyriens sont dits «ceux qui dirigent»,
parce que la tempérance, symbolisée par le Tigre, ἀντιστατοῦσα τῇ
κατευθύνειν δοκούσῃ τὴν ἀνθρωπίνην ἀσθένειαν ἡδονῇ. Pour Ambroise au
contraire, «quicumque fortitudine animi praeuaricantia corporis uitia
captiuauerit dirigens ad superna, iste huius fluminis similis aestimatur.»

Puis, peu après [3], l'Euphrate qui est le quatrième fleuve et qui sym-
bolise la justice est décrit comme ayant certaines qualités nutritives:
«quia aqua eius uitalis adseritur et quae foueat atque augeat. unde
Auxen eum Hebraeorum et Assyriorum prudentes dixerunt...» Ce qui
s'accorde très bien avec le texte de *Quaest.* I, 13: «Euphrates autem
mitior est, et salubrior magisque nutritorius; quare adaugentem et
proferentem ipsum vocant Hebraeorum Assyriorumque sapientes» [4].
Mais, alors qu'*adaugentem et proferentem* de Philon correspond parfaitement à *quae foueat atque augeat* d'Ambroise, *Auxen* qui est senti comme
un nom suppose une lecture αὔξην qu'on chercherait mal à lire sous
la version arménienne, pourtant des plus littérales qui soient [5].

---

[1] Voir *Par.* 3, 17 (276, 5ss.).
[2] Voir *Leg.* I, 69 (I, 79, 6ss.).
[3] Voir *Par.* 3, 18 (276, 14ss.).
[4] La ressemblance ne s'arrête pas là, mais elle continue plus loin, de façon
à ne laisser aucune hésitation.
[5] Le texte arménien est le suivant: *vasn oroj ew ačecowcanel ew zargacowcanel
nma ebrayeçwoçn ew asorestaneayçn imastownkʿn koček,* ce qui donne littéralement:
propter quod et augere et crescere facere (factitis) illi Hebraeorum et Assyriorum sapientes vocant (la traduction latine est de moi, car celle d'Aucher
s'éloigne sensiblement du texte). A moins que les infinitifs arméniens soient
en fait d'authentiques substantifs, selon un arménisme bien connu qui veut

En outre, toujours dans le même contexte, l'étymologie grecque qu'il offre à partir du mot Euphrate («plerique Euphratem ἀπὸ τοῦ εὐφραίνεσθαι dictum putant, hoc est a laetando, eo quod hominum genus nullo magis quam iustitia et aequitate laetetur»[1]), ne pouvant être issue de Philon[2], c'est dans une autre direction et sur une autre piste de recherches qu'elle doit nous mettre[3].

Maintenant, je ne peux m'empêcher de m'arrêter un peu plus longuement sur le passage qui suit et qui a toute la saveur d'un emprunt philonien[4]. Ambroise compare ici aux quatre temps du monde, les quatre vertus cardinales, comparables à leur tour aux quatre fleuves du Paradis («in his ergo fluminibus quattuor uirtutes principales quattuor exprimuntur, quae ueluti mundi istius incluserunt tempora»). Appartiennent au premier, qui est celui de la prudence, Abel, Enos, Enoch et Noé; au deuxième, qui est celui de la tempérance, Abraham, Isaac, Jacob «reliquorumque numerus patriarcharum»; au troisième, qui est celui de la force, Moïse et les prophètes; le quatrième enfin est celui du Christ «secundum euangelium autem digna est figura iustitiae, quia uirtus est in salutem omni credenti». Effectivement, on ne saurait ne pas songer à la division des héros pré-mosaïques donnée par Philon en *Abr.*[5]. Dans ce traité en effet Enos, Enoch et Noé forment la première triade d'hommes justes (Abel n'étant pas mentionné) avant

---

qu'on emploie à la place du substantif, l'infinitif substantivé et décliné (voir Meillet, *Altarmenisches Elementarbuch*, pp. 109–111). Dans ce cas, l'arménien aurait lu dans le grec avec Ambroise le substantif αὔξην (je dis bien «le substantif» au singulier, car la juxtaposition de deux ou plusieurs termes synonymes pour exprimer un concept identique est aussi un arménisme courant, ibid., pp. 115–16), et non pas l'infinitif ou encore moins le participe correspondants. Il me semble toutefois que ce ne soit pas le cas ici. Voir Lagarde, *Onomastica sacra*, 5, 16: «*Euphrates frugifer siue crescens*» *(ex Hieron. lib. interpr. hebr. nom.).*

[1] Voir *Par.* 3, 18 (276, 19ss.).

[2] J'avoue tout simplement que l'εὐφραίνουσα de *Leg.* I 72 (I 80, 7) aurait quand même pu fournir la note du départ.

[3] Des jeux de mots comme celui-ci, étant donné l'impossibilité de les traduire mot à mot dans la langue latine, trahissent forcément et naturellement leur provenance étrangère (cf. ci-dessus, p. 28). En *Hex.* V, 22, 73 (193, 16–18): «... graece οὐρανός dicitur, quod latine caelum adpellamus, οὐρανός autem ἀπὸ τοῦ ὁρᾶσθαι id est a videndo...», il s'agit clairement ou, du moins, extérieurement d'un emprunt textuel à l'*Hexaemeron* de Saint Basile (PG XXIX, 180C).

[4] Voir *Par.* 3, 18–23 (277, 12ss.).

[5] Voir 7–59 (IV 3, 1–14, 16).

le déluge. Suivent dans l'énumération les grandes figures de l'époque post-déluvienne avec les trois premiers patriarches, nommément Abraham, Isaac et Jacob, formant eux aussi une glorieuse deuxième triade. Néanmoins, l'analogie qui ne se limite qu'à ces deux moments est tellement floue et insaisissable et, à bien des égards, lointaine, même dans sa raison d'être et malgré son état de fait, qu'elle exclut Philon autant qu'elle le postule.

Ce qui fait, une fois de plus, soupçonner une source distincte qui ait de nombreux contacts et interférences, mieux encore une dépendance contenue et réservée par rapport à l'exégèse philonienne. Autrement dit, cette fois-ci les philonismes passent clandestinement en Ambroise au travers d'un devancier qui, lui aussi, utilise Philon avec cependant des critères qui ne sont pas ceux d'Ambroise, quand il en use, c'est-à-dire en y ajoutant du sien.

Pour ce qui est finalement des références à divers traités philoniens et à brève distance les unes des autres, justifiant l'explication que donne le docteur milanais de quelques noms propres bibliques, elles peuvent a priori avoir comme source quelque autre ancien interprète, voire un manuel onomastique quelconque, tout aussi bien que Philon [1].

Une petite et presque insignifiante variante, un peu plus loin, me confirme dans ma profonde conviction de l'existence d'une source nouvelle importante à côté de celles qui nous sont présentement connues. De toute évidence, un lien étroit s'établit entre *Par.* 4, 25 (281, 15ss.) et *Quaest.* I, 14, ne fût-ce que par la mention explicite de Philon, la seule et unique fois dans l'œuvre ambrosienne tout entière,

---

[1] La remarque suivante vaut tout autant pour les autres livres que pour *Ioseph*: «... si consideraveris Ambrosii de Iosepho librum, cognosces eundem complures nominum sacrorum explanationes proponere quae variis Philonis scriptis continentur. Iamvero incredibile prorsus est Ambrosium, quotiescumque nomina sacra interpretatur, varios Philonis libros evolvisse, ex quibus data occasione interpretationem alicuius nominis expiscaretur. Neque existimare licet Ambrosium nominum interpretationes memoria tenuisse, tot enim et tam diversa sunt nomina eorumque interpretatio, ut hac sententia quaestionem solvere nequeamus», Wilbrand, *S. Ambrosius...*, p. 39. Ce savant estime alors qu'Ambroise s'est servi d'un onomastique (p. 38). C'est a priori possible. Mais, comme il sait lui-même que «non semel Ambrosium interpretationes nominum apud auctores quos compilavit et invenisse et exscripsisse, id quod praecipue in epistulis quibus Origenem imitatus est, cognoscitur» (p. 40), alors il est hautement vraisemblable que dans les autres cas aussi il prenne ses interprétations des noms hébraïques chez des auteurs qu'il compile (mais que nous ne connaissons pas), et non pas d'un onomastique, ainsi que le soutient Wilbrand.

malgré la place privilégiée qu'il y occupe [1]. Mais, à regarder de plus près, on est rendu attentif par un détail minime, si nous voulons, mais suggestif pour notre propos. C'est que le *opera in agro, custodiam domus* d'Ambroise se transforme légèrement en *operatio campi, et custodia rerum, quae ibi sunt* de l'arménien. Ce qui revient à dire qu'Ambroise lisait dans son texte de base un groupe du type ἡ φυλακὴ τοῦ οἴκου au lieu de ἡ φυλακὴ τούτων, ἅ ἐστιν ἐν αὐτῷ [2]. Pourquoi autrement l'apparition inattendue de ce *domus?* Il n'y a du reste aucune raison sérieuse de penser que le bon et consciencieux traducteur arménien ait arbitrairement rendu οἴκου par une paraphrase telle que «horum quae sunt in eo (in agro)».

Que faut-il donc tirer de toute cette argumentation, sinon que Philon n'est, semble-t-il, atteint, dans le cas précis, qu'indirectement [3] ?

La même conclusion se dégage, si l'on se penche maintenant vers les références posées par Schenkl dans le premier livre de *Abrah.*, le second ayant déjà été inventorié.

Ici, c'est surtout l'interprétation régulière des noms hébraïques qui nous met sur la trace de Philon. Les références motivées de la sorte sont en nette majorité. Elles sont au nombre de 11 sur un total de 20.

Je n'ignore pas que ces interprétations pourraient avoir été tirées d'un des nombreux onomastiques qui circulaient à haute époque parmi les écrivains chrétiens et une étude complète dans ce domaine, qui nous serait très utile, fait malheureusement défaut [4].

---

[1] Et, remarquons-le bien, c'est pour le critiquer : «Philo autem, quoniam spiritalia Iudaico non capiebat affectu, intra moralia (mortalia ?) se tenuit etc.» (281, 21–2). Déjà le fait que, dans les commentaires d'empreinte philonienne prouvée, Ambroise ne cite jamais nominativement son modèle, doit nous faire soupçonner qu'ici on se trouve en présence d'un changement de situation.

[2] L'arménien porte *gorc vayri, ew pahpanowt'iwn aynoçik or en i nma*: operatio campi et custodia horum quae sunt in eo (la traduction est de moi). A moins toutefois qu'Ambroise n'ait lu ἡ φυλακὴ τούτων, ἅ ἐστιν ἐν οἴκῳ (pour αὐτῷ).

[3] Dans cette éventualité, ce serait la source supposée à avoir varié le texte. Mais alors il y aurait une explication autrement plausible. Pour quelqu'un qui écrivait dans la même langue (et il semble bien qu'il faille aller dans ce sens et en demeurer au grec), c'était presque une obligation morale de changer autant que possible le vocabulaire du prototype, pour faire preuve d'originalité. Le problème ne se posait guère à Ambroise qui transposait dans une langue totalement différente.

[4] «... interpretationes nominum hebraicorum Philoni et scriptoribus christianis communes non adnotavimus. quae cum saepius repetantur a Philone, inveniantur etiam apud alios praeter Ambrosium auctores ecclesiasticos, adhuc

Mais, là encore, Philon ne semble pas la bonne voie à suivre. On remarquera des contacts surprenants avec Philon en même temps que des divergences inexplicables, si Ambroise avait eu véritablement sous les yeux tels écrits du juif alexandrin.

Pour en citer des exemples, quant au double nom d'Abraham, *Mutat.*, qui est du reste allégué en premier par Schenkl, est indubitablement le lieu principal, quoiqu'il en soit question à diverses reprises dans des endroits parallèles de son œuvre. En voici l'interprétation: στοιχείου ⟨γὰρ⟩ προσθήκη, τοῦ ἑνὸς ἄλφα... ᾿Αβρὰμ γὰρ ἑρμηνεύεται μετέωρος πατήρ, ᾿Αβραὰμ δὲ πατὴρ ἐκλεκτὸς ἠχοῦς [1]. L'herméneutique d'Ambroise se différencie, me semble-t-il, assez ostensiblement: «mutat ei nomen littera addita, ut de Abram uocetur Abraham, hoc est de patre uano, sicut habet latina interpretatio, uocaretur pater sublimis, pater electus uel de patre fieret pater filii» [2]. Le *pater sublimis* correspond, bien sûr, au μετέωρος πατήρ, mais malheureusement il s'applique non pas au nom antérieur d'Abram, mais bien plutôt à celui d'Abraham reçu successivement. Pourtant, dans le *pater electus* il est quand même resté quelque chose du πατὴρ ἐκλεκτὸς ἠχοῦς.

Quiproquo ou simple recours à une source inconnue? La première forme d'explication peut éventuellement être considérée comme valable un nombre délimité de fois, mais, quand l'écart est trop accentué et trop souvent vérifiable, elle ne se justifie plus et c'est du même coup l'autre alternative qui se présente immédiatement à l'esprit.

---

plane incertum est, quem quisque posteriorum fontem adierit, Philonem an Origenem an onomasticum quoddam. et si quis uideatur Philonem legisse, fere dubium est, quem potissimum eorum, locorum, quibus eadem interpretatio inuenitur, respexerit. haec igitur tota materies melius ita tractabitur, ut et ex auctoribus ecclesiasticis et ex codicibus – in quibus ipse non pauca onomastica Lagardio ignota inueni, de aliis Krumbacherus amicus me certiorem fecit – quidquid traditum est de interpretationibus nominum colligatur et sic opus utilissimum a Lagardio inchoatum consummetur», Wendland, vol. III, p. XIII.

[1] *Mutat.* 61 et 66 (III 167, 31–168, 1 et 169, 1–2); cf. *Abr.* 81–82 (IV 19, 21ss.), *Leg.* III, 83 (I 131, 16–17) et *Quaest.* III, 43: l'interprétation reste, en substance, toujours la même.

[2] *Abrah.* I, 4, 27 (522, 6–9). Cf. Lagarde, op. cit., 185, 88: ᾿Αβραὰμ πατὴρ ὑψίστου ἢ πατὴρ υἱοῦ (ex *Onomast. Vatic.*). Le soudain et frappant *uanus* sous-entendrait-il une corruption de μετέωρος (*sublimis*) en μάταιος ou une équivalente mauvaise lecture d'Ambroise? Remarquons toutefois qu'il y a un parallélisme antithétique voulu entre Abram «père inutile» *(pater uanus)* et Abraham «père d'un fils» *(pater filii)* qui, n'ayant pas non plus son correspondant chez Philon, était proprement susceptible d'être favorisé par le texte biblique lui-même *(Gen. 17,5)*.

Un décalage d'idée à peu près équivalent se renouvelle en effet assez étrangement à l'occasion du changement de nom imposé à Sara et de sa signification allégorique: «Sara quoque ante circumcisionem uiri in unius litterae adiectione non mediocri remuneratione benedicitur, ut principatum uirtutis et gratiae haberet»[1]. Si l'on veut chercher un parallélisme rigoureux, et on s'en réfère encore à *Mutat.*, on sera très surpris par le retournement de perspective: καὶ γὰρ αὕτη (Σάρα) μετ-ονομάζεται εἰς Σάρραν κατὰ τὴν τοῦ ἑνὸς στοιχείου πρόσθεσιν τοῦ ῥῶ... ἑρμηνεύεται Σάρα μὲν ἀρχή μου, Σάρρα δὲ ἄρχουσα. τὸ μὲν οὖν πρότερον εἰδικῆς σύμβολον ἀρετῆς ἐστι, τὸ δ'ὕστερον γενικῆς[2]. Je dirais qu'on retrouve ici exactement la même équivoque que je signalais dans la page qui précède à propos du binôme Abram-Abraham. Ce n'est pas, d'après Philon, le nom postérieur qui est interprété *principatus uirtutis,* mais bien au contraire le nom primitif, la deuxième appellation (= ἄρ-χουσα) étant moins spéciale ou spécifique (εἰδικῆς) et plus prégnante ou générique (γενικῆς) que la première (= ἀρχή μου). Si bien que, de ce point de vue, dépendance à l'égard de Philon ne voudrait dire concrètement rien d'autre que vague réminiscence de lecture sans rencontre textuelle proprement dite.

Mais Ambroise possédait-il Philon au point de l'imiter de façon spontanée et inconsciente, machinale presque, par une sorte d'affinité créée au contact permanent? L'usage servile qu'il lui arrive d'en faire donnerait toutefois à penser le contraire. Sans dire qu'il serait extrêmement difficile de fixer avec exactitude à quel traité particulier Ambroise se rattache ici et maintenant[3].

Une confusion pareille à celle que l'on rencontrait en *Par.* sur le sens allégorique du fleuve Tigre se répète à nouveau en *Abrah.* I: «muniunt eam (ecclesiam) Tigris, hoc est prudentia, et Euphrates, hoc est iustitia et inluminatio fructuosa, a barbaris separantes gentibus»[4]. Le Tigre devient soudainement l'emblème de la prudence, alors que ce rôle est joué et en *Leg.* et en *Quaest.* par le fleuve Phison[5]. Or,

---

[1] Voir *Abrah.* I, 4, 31 (526, 5–7); cf. *Mutat.* 61 (III 168, 1–2): καὶ πάλιν ἑτέρᾳ προσθέσει τοῦ ῥῶ θαυμαστὴν ἡλίκην ἔδοξεν εὐεργεσίαν παρεσχῆσθαι.

[2] Voir *Mutat.* 77–78 (III 170, 14–18).

[3] Schenkl lui-même le reconnaît, Praef., p. XV, n. 1: «cum Philo saepius binis uel etiam pluribus locis easdem res tractauerit, nonnumquam sane dubitari potest quem locum re uera respexerit.» Et ceci est valable en ligne générale. Sur ce, j'aurai encore des remarques appropriées à formuler.

[4] 9, 87 (558, 20–559, 1–2).

[5] Voir *Leg.* I, 66 (178, 12–13) et *Quaest.* I, 12.

en aucun endroit de l'œuvre philonienne connue, le Tigre n'est introduit comme symbolisant la vertu de prudence. D'autre part, la nouvelle acception mystique (*inluminatio*) du mot Euphrate, en plus de
*iustitia*, manque également en Philon, mais nous retrouvons en revanche
dans le *fructuosa*, le καρποφόρος de *Leg.* [1]. Est-ce encore une distraction
due au hasard ou non plutôt l'indice d'une source cachée et inattendue ?

Ajoutons a ce que l'on vient de dire que certains rapprochements
acceptés par Schenkl (comme le sont d'ailleurs tous ceux que je remets
ici en question), tel que *Abrah.* I, 7, 60 (541, 23) et *Leg.* III, 38 (I 121,
12–13) ou *Abrah.* I, 9, 83 (555, 3–4) et *Quaest.* IV, 86, ainsi que *Abrah.*
I, 5, 33 (527, 12ss.) et *Quaest.* IV, 2 [2] (comparer attentivement) ; certains rapprochements, dis-je, n'ont, à mon avis, aucune chance réelle
d'aboutir, d'autant plus que les textes divergent aussitôt après.

Je n'oserais pas alors affirmer avec Schenkl qu'Ambroise, dans
quelques passages de son *Abrah.* I, s'est inspiré du quatrième livre
de *Quaest* [3], les deux passages restants ayant pour seule correspondance
l'interprétation d'un nom relevant de la Bible. L'influence directe de
Philon dans cette deuxième catégorie de commentaires ambrosiens
reste donc, pour le moment, des plus problématiques [4].

J'ai fait en sorte de choisir les passages qui, en *Par.* et *Abrah.* I,
semblent le plus typiquement en rapport avec Philon (ils sont d'ailleurs
d'une faible minorité proportionnellement à ceux qui présentent de
vagues et douteuses coïncidences).

Philon, en ce cas, nous rend un seul, mais très précieux service, à
savoir qu'il nous déçoit très vite et nous ouvre les yeux, pour autant
que nous ayons misé uniquement sur lui, tout en éveillant en nous
curiosité et sens critique.

---

[1] I, 72. Voir Lagarde, op. cit., 174, 1: Εὐφράτης αὐθέντης φωτίζοντος πνεῦμα
(ex *Onom. Vat.*).

[2] Voir du reste *Sacrif.* 59 (I 225, 17ss.).

[3] «... quartum Quaestionum in Genesim librum eum hic illic respexisse a
uero non abhorret», et un peu plus loin : «... nolim colligere cum Kellnero (p. 102)
Philonis Quaest. in Gen. librum quartum ei non ad manus fuisse, praesertim
cum, ut supra diximus, in parte priori loci aliquot inueniantur, quibus eum
hunc librum respexisse confirmetur neque magnam ueri speciem habeat coniectura in ampla Philonis operum quae ei praesto erat copia librum illum non
extitisse.» Praef., pp. XXVI–XXVIII.

[4] Il suffit parfois d'une différence révélatrice pour contester le fondement de
beaucoup d'autres ressemblances apparentes. Un argument a d'autant plus de
poids qu'il est négatif.

Si influence philonienne il y a, et sans cela on explique mal des faits patents, c'est bien, à mon sentiment, à travers un canal intermédiaire qui, relevant aussi souvent, mais de manière beaucoup plus personnelle et originale que notre évêque, de Philon, le fait passer en Saint Ambroise, peut-être sans même que celui-ci s'en soit seulement avisé [1].

C'est aussi le seul moyen pour sortir de la gêne qu'on éprouve de définir ici comme filiation directe la relation de parenté qui s'instaure indéniablement entre Philon et Ambroise.

La tendance que nous pouvons qualifier d'habituelle à Ambroise, spécialement dans le domaine exégétique, à se servir presque «ad litteram» d'ouvrages lus [2] doit nous mettre en garde pour les commentaires où nous ne découvririons pas de dépendances au moins conceptuelles, mais aussi textuelles possibles et, à plus forte raison, pour ceux d'entre eux qui dénotent une dépendance sérieuse en même temps que peu satisfaisante pour l'esprit avec un auteur, Philon, qui, à n'en pas douter, a commandé et fortement marqué tout le grand courant d'exégèse dite allégorique.

Des emprunts de toute espèce, sans un plan préconçu et une succession respectée, à l'ensemble de l'œuvre philonienne (emprunts qui sont si ordinaires et naturels chez un Clément et un Origène, mais au sujet desquels n'aurait-on pas plutôt avantage dans certains cas à parler de lieux communs, de τρόποι, de l'école dont ces pionniers chrétiens sont ressortissants) seraient presque impensables chez un Saint Ambroise qui venait d'un milieu culturel différent.

Ambroise (la preuve en est sa formation exégétique tardive et intermittente) ne pouvait pas maîtriser Philon, à la différence des grands

---

[1] Il n'est pas du tout certain qu'Ambroise connût, pour les avoir lus, tous les écrits de Philon.

[2] Et cela devient presque une loi, quand il s'agit des commentaires du début de l'épiscopat (voir Szabó, *Le rôle du Fils...*, pp. 262–264, qui réadapte une distinction de Dassmann, *Die Frömmigkeit...*, pp. 5–6: *Fuga* serait représentatif de la période de «transition» (385/387) caractérisée précisément par l'«abandon» progressif de Philon, dont les premiers écrits exégétiques ambrosiens étaient le démarquage servile, et la «découverte» parallèle d'Origène). Pour la préparation et la méthode exégétiques d'Ambroise, voir Lazzati, *Il valore letterario*; Pizzolato, *La Explanatio psalmorum XII*, pp. 4–24; idem, *Ambrogio esegeta dei salmi*, pp. 211–238.

Pour la genèse des œuvres exégétiques, voir Palanque, *Saint Ambroise*, Appendices II et III, pp. 437–52 et 480ss., et Introd., ci-dessus, p. 4, n. 3.

maîtres chrétiens d'Alexandrie, Clément et Origène, qui en ont fait un usage, sinon moindre, certainement beaucoup plus discret et intelligent[1].

Je refuse donc de voir en *Par.* et *Abrah.* I, pour ces multiples raisons, une influence prochaine de Philon et je n'hésite pas à faire appel à un tiers qui entretienne alors du coup des relations constantes et directes avec le commentateur juif.

Si problématique et douteux est l'emploi de Philon en *Par.* et *Abrah.* I qui rassemblent respectivement 52 et 20 références, pour les motifs invoqués, que dire alors des autres commentaires sur la Genèse? *Bono* n'offre même aucune analogie possible, mais rares et hypothétiques s'avèrent aussi les références éparses à Philon en *Isaac* (10 fois), en *Iacob* (4 fois), en *Ioseph* (9 fois) et en *Patr.* (14 fois).

Ces points de rencontre ne restent la plupart du temps que trop extérieurs et limités, pour pouvoir en conclure à une influence proche et directe de Philon. Mais il est déjà difficile de déterminer exactement à quel traité de Philon se rattache tel ou tel lieu d'Ambroise [2].

Il est aussi difficile à admettre que celui-ci assortisse et accumule des emprunts variés, relevant de plusieurs traités en même temps et dont on n'a pas par ailleurs la moindre preuve qu'il les ait tous pris en considération et encore moins qu'il s'en soit inspiré.

Pour ne citer qu'un exemple, il est à peine concevable qu'au début de *Isaac* il regarde simultanément vers des traités aussi nombreux et éloignés que *Praem., Leg., Poster.* et *Opif.,* «quamquam», fait remarquer Schenkl, «cum Philo easdem res saepius tractauisset, alios quoque eius libros, quos in commentario indicaui, respicere potuit» [3], pour ne se souvenir après de Philon qu'une seule fois dans le commentaire [4]. Un tel assemblage est forcé ou, pour le moins, suspect et ne reflète guère la façon usuelle d'Ambroise d'exploiter ses sources.

---

[1] On a dit, et cela est vrai sans doute, que «Ambrogio... è uno di quegli uomini che non sanno copiare e che, anche quando sembrano ripetere, creano», Cesaro, *Natura e Cristianesimo*, p. 59. Mais, à lecture faite, on se rend compte qu'il copie aussi tout court et qu'il s'en accommode très bien avec un naturel et une désinvolture tels qu'ils nous laissent parfois songeurs. Jérôme sait fort bien de quoi il parle, quand il semble dénigrer son contemporain. Il le fait sans doute en connaissance de cause, qu'il le fasse en plus par hostilité ou jalousie personnelle, peu importe.

[2] Voir ci-dessus, p. 61, n. 3.

[3] XXXII 1, Praef., p. xxx, n. 1.

[4] Voir *Isaac* 4, 21 (656, 8 et 11 aux annotations).

Je crois pouvoir conclure que ces rencontres accusées, qui, pour être contestables, n'en sont pas moins des rencontres, doivent s'expliquer différemment: elles sont le signe indubitable d'une source inconnue à laquelle Ambroise a puisé et qui avait à son tour puisé, plus modérément cependant, dans la mine généreuse et inexploitable de Philon.

Or, d'autres indices sérieux me font justement soupçonner une nouvelle source d'Ambroise que ce sera ensuite mon effort d'identifier pour les livres en question.

Il s'agirait tout d'abord d'une source chrétienne. Les citations bibliques, Ancien Testament compris, indépendamment des lemmes, sont de loin plus copieuses que celles parsemées à travers les commentaires d'influence philonienne sûre. Philon est très sobre en citations scripturaires. Mais d'une fréquence tout à fait exceptionnelle et remarquable sont les références au Nouveau Testament [1].

D'autre part, ces références néo-testamentaires ne sont pas extrinsèques au commentaire lui-même comme une sorte de complément ou de redondance, mais elles font partie intégrante d'une exégèse allégorique.

Le «sensus altior» ou mystique est très souvent uniquement suggéré par l'Evangile. Ce qui ne se produisait pas en *Cain, Noe* et *Abrah.* Il où l'optique évangélique, quand elle était présente, ne supplantait jamais celle de Philon, seulement la complétait ou, en l'occurrence, la rejetait ou la modifiait [2].

Ici au contraire le souffle chrétien parcourt d'un bout à l'autre l'exégèse ambrosienne. Même les passages les plus typiquement «philoniens» où la source juive est absolument nécessaire, pour rendre compte de certains emprunts quasiment textuels, n'en font pas exception.

En *Par.* ch. 3 (272, 3ss.), par exemple, il est trop évident que l'allégorie des quatre fleuves de l'Eden est tributaire de Philon. Les quatre temps de l'humanité, correspondant aux quatre fleuves du Paradis et aux quatre vertus cardinales, ont eux aussi quelque chose d'incontestablement philonien [3]. Toutefois, les éléments éminemment chrétiens de l'allégorie des temps qui culmine au temps messianique réclament une source chrétienne dépendante de Philon.

---

[1] Cf. Wilbrand, *S. Ambrosius...*, p. 20.
[2] Voir supra, pp. 27–28.
[3] Voir plus haut, pp. 57–58.

De même, le ch. 1 de *Isaac,* que je rappelais comme ayant des contacts impressionnants aussi bien que peu vraisemblables avec Philon, présente d'emblée le patriarche dans sa typologie christologique: «in eo (Isaac) dominicae generationis et passionis figura praecesserit... itaque ipso nomine figuram et gratiam signat; Isaac etenim risus latine significatur, risus autem insigne laetitiae est» (641, 4–11). Comme le fait justement observer Lazzati [1], en anticipant en cela celle qui sera ma propre conclusion, l'interprétation étymologique remonte à Philon, mais à Origène remonte la transposition chrétienne. Il ne fait pas de doute qu'Ambroise puise cette fois-ci à des eaux chrétiennes.

Il s'agirait ensuite d'une source grecque. On ne comprend pas autrement les quelques citations dans cette langue qui s'échelonnent tout au long de ces commentaires ambrosiens [2]. Il est un fait certain qu'en *Hex.* [3], pour ce qui est de Basile au moins, et dans les commentaires d'utilisation philonienne stricte [4], toutes les citations grecques qui s'y trouvent remontent immanquablement à leurs sources respectives. Par le principe d'identité, on peut en déduire qu'il en est de même ici.

A ce propos, on ne saurait trouver mieux que le lieu déjà cité de *Abrah.* I, 4, 27 (522, 6). Ambroise nous dit qu'Abram est appelé Abraham *littera addita,* avec une incongruité qui saute aux yeux. On s'attendrait à «litteris additis», du fait qu'en latin il a bel et bien fallu ajouter deux lettres, *A* et *H*. Mais la formule est applicable sans plus en grec où un seul alpha est requis pour passer de Ἀβράμ à Ἀβραάμ. Il va sans dire qu'Ambroise ne pouvait aucunement raisonner d'après l'hébreu où, les voyelles n'étant pas écrites, on obtient אברהם de אברם, en ajoutant tout simplement un ה intermédiaire. La petite et discrète contradiction trahit donc nécessairement une source grecque [5].

---

[1] *Il valore letterario*, p. 75.

[2] Voir *Par.* (271, 12.14.15; 272, 5; 276, 20; 285, 8: add. Erasmus; 308, 19), *Abrah.* I (502, 4.10.11; 503, 15; 504, 14; 531, 2; 561, 14–15), *Bono* (733, 9; 742, 1), *Iacob* (P. 2, 8, 6) et *Ioseph* (P. 2, 83, 9–10).

[3] Voir *Hex.* (3, 8; 7, 11; 13, 24; 23, 11.20; 24, 13; 44, 11; 54, 22.25.26; 55, 1; 72, 12; 99, 14; 121, 18; 182, 17; 187, 1.5; 193, 17.18; 237, 6).

[4] Voir ci-dessus, p. 29 et n. 3.

[5] Voir aussi *Abrah.* I, 3, 15 (513, 11–12: la source grecque est indiscutable). Je me dois pourtant de signaler qu'un manuscrit, le «Trecensis» 550 (T), du début du XIe s., porte quelquefois «Abraam» à côté cependant du régulier «Abraham».

Or, parmi les sources grecques possibles, il n'y a guère qu'Hippolyte et Origène qui se soient employés à commenter de suite tout le livre de la Genèse. C'est donc à l'un d'eux ou à tous deux ensemble qu'il faudra demander d'éventuels éclaircissements.

Mais je précise dès l'abord que nous serons confrontés avec des difficultés insurmontables, à savoir qu'il nous manque les éléments de base pour parvenir à des solutions objectivement établies. En l'absence de documents nouveaux, c'est toujours à des hypothèses plus ou moins probables qu'il sera en définitive nécessaire de recourir.

Admise par tous et maintes fois confirmée, l'influence générale de Philon sur la formation exégétique d'Origène est hors de tout conteste [1]. Origène, en matière d'exégèse, ne s'est fait que le continuateur et le champion même de la ligne de Philon dont Clément avait déjà été l'héritier, en tournant tout en allégorie. Il a fréquenté assidûment les traités de Philon et s'en est nourri dans les siens. Non seulement l'allégorisme leur est commun, mais c'est à Philon lui-même que remontent précisément les genres littéraires exégétiques adoptés par Origène [2]. L'imitation de Philon s'est, selon toute apparence, étendue jusque-là. De plus, l'utilisation de Philon est à bien des endroits quasiment textuelle, quoiqu'elle ne soit jamais suivie ni point exagérée, en cela comparable à celle de Clément et des autres pères grecs à leur suite.

Mais, hélas! nous ne pouvons définir ni circonscrire cette influence philonienne là où elle a dû s'exercer davantage, je veux dire dans les ouvrages parallèles d'Origène sur le Pentateuque, à cause justement de la perte intégrale ou presque des τόμοι et des *Excerpta*. Nous pouvons cependant nous en faire une idée approximative d'après les quelques fragments qui nous restent et les nombreuses *Homélies* qui survivent en libre traduction latine.

Rappelons-nous enfin que le corpus philonien nous vient, les papyri égyptiens et peut-être même l'antique version latine exclus, de la bibliothèque d'Origène à Césarée.

Nous ne saurions par contre dire formellement si Hippolyte a oui ou non connu et étudié Philon. Son œuvre exégétique monumentale aussi a presque entièrement péri et je ne connais, pour ainsi dire, aucun texte soit strictement exégétique, soit plus largement théologique de lui, qui ait été mis en rapport direct avec Philon.

---

[1] Voir, parmi d'autres, Daniélou, *Origène*, pp. 179–190.

[2] Voir ci-dessous, p. 69, n. 3.

Mais de là, il ne s'ensuit pas obligatoirement qu'Hippolyte n'a pas suivi et même cité Philon dans des livres perdus sur le Pentateuque. D'ailleurs, la méthode fondamentalement allégorique de son exégèse le met en rapport étroit avec la prestigieuse Ecole d'Alexandrie et finalement avec son devancier et maître, Philon l'Alexandrin.

L'hypothèse acquiert encore davantage de vraisemblance, si l'on admet l'origine alexandrine ou égyptienne ou simplement orientale d'Hippolyte [1]. Jusqu'à preuve du contraire, ce serait purement incompréhensible qu'Hippolyte ne soit pas entré en contact avec les penseurs chrétiens de son entourage et ne se soit pas formé à l'école de Philon qui jouissait d'une grande autorité dans le milieu culturel alexandrin [2].

Mais, si la supposition n'est pas entièrement absurde d'un emploi de Philon dans les commentaires disparus d'Hippolyte ayant trait aux premiers livres de la Bible, il faut également supposer qu'il a su en user avec énormément de sobriété et de discrétion, à en juger par ce qui nous reste de son œuvre et qui n'offre pas d'attaches littéraires typiques avec l'œuvre du savant juif. Si bien que, déjà à cet égard, c'est plutôt du côté d'Origène plus conséquent dans l'usage de Philon, qu'il faudra dès lors chercher en fait de sources ambrosiennes. Mais, avant d'entrer dans la critique, passons rapidement en revue les écrits qui auraient pu influencer Ambroise, des deux intarissables écrivains du IIIe siècle.

Les travaux bibliques d'Origène étaient de trois espèces [3]. Premièrement des *Scholies* (σχόλια), c'est-à-dire de courts commentaires sur

---

[1] Avec Hanssens, *La liturgie d'Hippolyte*, pp. 291–297. Toujours selon cette opinion un peu osée, Hippolyte aurait même composé et publié en Egypte la *Tradition Apostolique* (ibid., pp. 508–510). Thèse rejetée catégoriquement par Botte, *La Tradition apostolique de Saint Hippolyte*, p. XVI.

[2] Mais il paraît absurde, indépendamment de cela même, que le savant presbytre romain ignorât tout de l'œuvre célèbre et extrêmement suggestive de Philon le Juif. Et puis Origène, lors de sa visite à Rome (cf. infra, p. 71, n. 4) ou par correspondance (cf. Eusèbe, *Hist. ecclés.* VI, 20, 1ss.: GCS, Eusebius, II 2, 567, 4ss.), ne l'y aurait-il pas introduit?

[3] «Et illud breviter admonens, ut scias Origenis opuscula in omnem Scripturam esse triplicia. Primum eius opus Excerpta sunt, quae graece σχόλια nuncupantur, in quibus ea, quae sibi videbantur obscura aut habere aliquid difficultatis, summatim breviterque perstrinxit. Secundum homileticum genus, de quo et praesens interpretatio est. Tertium quod ipse inscripsit τόμους, nos volumina possumus nuncupare in quo opere tota ingenii sui vela spirantibus

des points particulièrement difficiles ou des problèmes de vocabulaire, sans aucun rapport direct et nécessaire les uns avec les autres [1]. Très peu de choses sont parvenues jusqu'à nous.

Deuxièmement, des *Homélies* (ὁμιλίαι) ou *Tractatus*, véritables sermons qu'Origène prononçait à l'église et que des tachygraphes ont fidèlement et soigneusement recueillis et fixés par écrit. Des passages intentionnellement choisis de l'Ecriture étaient expliqués de manière simple et pieuse. Bon nombre d'*Homélies* nous ont été conservées soit en traduction latine, soit dans le texte original grec.

Troisièmement, des *Tomes* (τόμοι) ou *Volumina* qui sont des commentaires proprement dits et suivis de chapitres ou livres entiers de la Bible où l'exégète exposait diffusément et en détail le texte sacré et donnait le meilleur de sa science. Ceux-ci, étant adressés à un public érudit et initié, engageaient à fond l'écrivain qui ne se bornait pas uniquement à l'édition commune des *LXX*, mais qui recourait aussi au besoin à la recension de ses *Hexaples* et au texte hébraïque lui-même [2]. Nous n'en connaissons, pour la plupart, que le titre et le nombre des volumes [3].

---

ventis dedit et recedens a terra in medium pelagus aufugit», Jérôme, Prologue à la traduction des *Homélies* d'Origène *sur Ezéchiel* (GCS, Origenes, VIII, 318, 12ss.).

[1] Ailleurs on les appelle également Σημειώσεις (Hieronym. *Comment. in Is.*, Prol.: PL xxiv, 21A), *Excerpta* (ibid. et *Comm. in Gal.* où l'on rencontre la triade *Volumina-Tractatus-Excerpta :* PL xxvi, 333A), *commaticum interpretationis genus* (idem, *Comm. in Matth.*, Prol.: PL xxvi, 20B) et *Enchiridion* (idem, *Commentarioli in Ps.*, Proem.: PL xxvi, 871A), si le manuel connu sous ce nom (ou sous celui de *Breviarium in Psalmos*), contenant des annotations à tout le psautier (*Psalterium... strictis et necessariis interpretationibus adnotatum*), n'était pas un genre littéraire différent des *Scholies :* cf. Batiffol, *L'Enchiridion d'Origène*, pp. 267–269.

[2] «De Adamantio (Origene) autem sileo, cujus nomen, si parva licet componere magnis, meo nomine invidiosus est, quod (qui?) cum in homiliis suis, quas ad vulgum loquitur, communem editionem sequatur: in tomis, id est in disputatione majori, Hebraica veritate superatus (stipatus?), et suorum circumdatus agminibus, interdum linguae peregrinae quaerit auxilia», Hieron., *Liber hebr. Quaest. in Gen.*, Praef. (PL xxiii, 986A).

[3] Ici, on ne peut que remarquer l'étrange correspondance de cette répartition tripartite avec celle des écrits de Philon. Aux *Scholies* correspondent admirablement les *Quaestiones et Solutiones*, aux *Tomes*, en gros, le grand *Commentaire Allégorique* et aux *Homélies*, ce que nous appelons l'*Exposition de la Loi*, c'est-à-dire certains traités de Philon, sur des morceaux détachés des saintes Ecritures, qui originairement ont dû être prêchés à la Synagogue. La remarque

En ce qui concerne le livre de la Genèse qui m'intéresse plus particulièrement ici, Origène avait composé treize *Tomes* [1] portant sur les quatre premiers chapitres [2], dix-sept *Homélies* [3], deux livres d'*Homélies «mystiques»* [4] et enfin des *Scholies* que Jérôme et Rufin ne men-

---

avait été faite pour l'essentiel, bien que dans une perspective un peu changée, précédemment déjà: «Et hoc quidem triplex interpretationis genus, quod Origeni solemne videtur fuisse, ex Philone oriundum esse, haud ego renitens existimarem; quum adhuc obvia sint, Hebraeum atque magistrum, scholia sive breviora responsa, homiliae et conciones in Synagogis vel ex tempore habitae (in Samsonem puta, in Jonam, etc.), tum amplissimi commentarii, aestu allegorico ad cumulum tumentes. Eadem Origenem frequentavisse, sat perspicuum faciunt copiosa quae hactenus editis incrementa nunc addimus et in medium ponimus», Pitra, *Analecta sacra*, vol. II, p. 303.

[1] Douze selon Eusèbe (*Hist. ecclés.* VI, 24, 2: GCS, Eusebius, II 2, 572, 1–2), les huit premiers composés encore à Alexandrie et les quatre derniers à Césarée; quatorze selon Jérôme, *Epist.* 33, 4 *ad Paulam* (CSEL LIV, 255, 15: *XIII* Hilberg, *XIV* codices); treize selon la version de Rufin (*Apolog.* II, 20) de cette même *Lettre* (PL XXI, 599C: *XIII* omnes codices).

[2] Quoi qu'il en soit du nombre exact de volumes, les commentaires, d'après le témoignage même d'Origène (... τὰ πραγματευθέντα ἡμῖν εἰς τὴν Γένεσιν ἀπὸ τῆς ἀρχῆς τοῦ βιβλίου μέχρι τοῦ, «αὕτη ἡ βίβλος γενέσεως ἀνθρώπων», κτά., *Contra Celsum* VI, 49: GCS, Origenes, II, 120, 20–22), n'outrepassaient pas *Gen.* 4, 26, c'est-à-dire la fin du chapitre. Le douzième et le treizième traitaient exclusivement de Lamech (*sciens Origenem duodecimum et tertium decimum in Genesim librum de hac tantum quaestione dictasse*, Hieron., *Epist.* 36, 9 *ad Damas.*: CSEL LIV, 275, 13–14). L'*Hexaemeron*, dont parle Jérôme (*Epist.* 84, 7 *ad Pammach. et Ocean.*: CSEL LV, 130, 8–9) comme étant une des sources d'*Hex.* d'Ambroise, n'était sûrement pas autre chose que ces τόμοι sur la Genèse.

[3] Dix-sept sont les *Homélies* qui passent pour origéniennes dans la traduction latine de Rufin (cf. *Peroratio in Explanat. Origen. super Epist. ad Rom.*: PG XIV, 1293–1294). Cassiodore n'en mentionne que seize (*De Instit. div. litt.* c. I: PL LXX, 1112 B). La dix-septième est-elle d'Origène? Elle est en effet inachevée et d'un style plus fleuri que les autres. En tout cas, dans la neuvième, Origène exprime le dessein de prêcher sur toute la Genèse, ce qui dut être fidèlement accompli par l'orateur.

[4] Voir Klostermann, *Die Schriften des Origenes...*, pp. 861, n. 8. Hilberg, éditeur des *Lettres* de Jérôme dans le CSEL (vol. LIV), retient la variante «mistarum» (= mixtarum) de quelques manuscrits (255, 16). Avec donc toutes les réserves pour la leçon *mysticarum*, dont il est convenu de dénommer ces *Homélies* et que, de mon côté, je continuerai d'adopter, de la *Lettre* de Jérôme à *Paula*, il y a cependant toutes les chances que ces *Homélies* formassent un ouvrage distinct du recueil de Rufin. On ne voit pas autrement pourquoi Origène aurait tenu à les distinguer par un titre spécial. «... in fronte Geneseos», nous révèle Jérôme, «primam omeliarum Origenis repperi scriptam de Melchisedech, in qua multiplici sermone disputans illuc devolutus est, ut eum

tionnent pas dans leurs catalogues, mais dont des fragments de
«chaînes» heureusement découverts nous révèlent ou plutôt confirment
l'existence suspectée [1].

Hippolyte, non moins fécond que son contemporain, s'était, lui aussi,
occupé d'ouvrages d'exégèse et la tradition lui attribue un nombre
considérable de commentaires sur les saintes Ecritures, décimés en
grande partie.

Pour ce qui est de la Genèse, Eusèbe [2] et Jérôme [3] nous relatent à
l'unanimité qu'Hippolyte s'était acquitté du commentaire de ce livre.
Et puisque ces deux historiens citent chacun un *Hexaemeron*, l'*In
Genesim* de Jérôme (probablement titre initial de tout le commentaire,
passé, à la suite d'un intérêt plus spécial porté sur le récit des six
jours de la création, à désigner le commentaire de ce qui suit ce récit)
me semble être identique à l'Εἰς τὰ μετὰ τὴν Ἑξαήμερον d'Eusèbe.

Le *De Benedictionibus Isaac et Iacob* se rattache de préférence au
genre homilétique. Un titre comme celui-ci et les suivants: *De Benedictionibus Balaam, In Helcanam et Annam, De Saul et Pythonissa, De
duobus latronibus, De resurrectione Lazari, De distributione talentorum,*
etc. sont assimilables, quant au genre littéraire, à la προσομιλία *de
laude Domini Salvatoris* dont parle Jérôme, sermon prononcé en présence d'Origène (vers 212) [4]. Les σχόλια ne sembleraient pas connus
d'Hippolyte.

---

angelum diceret» (*Epist.* LXXIII, 2 *ad Evangel.*: CSEL LV, 14, 8ss.). Malgré les
libertés du traducteur latin (cf. Rufin, l. c.), il est peu vraisemblable qu'Origène
traitât de Melchisédech dans la première des *Homélies* «rufiniennes» en commentant la création. Jérôme fait, semble-t-il, allusion aux *Homélies «mystiques»*
qui, dans ce cas, débutaient avec le récit d'Abraham.

[1] Cf. manuscrits de l'Athos découverts par von der Goltz (*Eine textkritische
Arbeit...*, pp. 87–88 et 98).

[2] *Hist. ecclés.* VI, 22, 1: Εἰς τὴν Ἑξαήμερον, Εἰς τὰ μετὰ τὴν Ἑξαήμερον (GCS,
Eusebius, II 2, 568, 18–19).

[3] *De Viris inlustr.* 61: «*in* Ἑξαήμερον... *in Genesim*» (PL XXIII, 707A).

[4] «... προσομιλίαν de laude Domini Salvatoris, in qua praesente Origene, se
loqui in ecclesia significat. In huius (Hippolyti) aemulationem Ambrosius...
cohortatus est Origenem, in Scripturas commentarios scribere...», ibid. B. C'est
à Rome qu'Origène aurait découvert sa vocation d'exégète: Ἐξ ἐκείνου δὲ καὶ
Ὠριγένει τῶν εἰς τὰς θείας γραφὰς ὑπομνημάτων ἐγίνετο ἀρχή, Ἀμβροσίου παρορ-
μῶντος αὐτὸν μυρίαις ὅσαις οὐ προτροπαῖς ταῖς διὰ λόγων καὶ παρακλήσεσιν αὐτὸ
μόνον, ἀλλὰ καὶ ἀφθονωτάταις τῶν ἐπιτηδείων χορηγίαις, Euseb., *Hist. eccl.*, VI, 23,
1 (GCS, loc. cit., 568, 22–25).

# V.

## ORIGÈNE ET HIPPOLYTE SONT-ILS LES «MITTELQUELLEN» PRÉSUMÉES D'AMBROISE?

L'influence in globo d'Origène et d'Hippolyte, mais surtout celle d'Origène, sur la pensée et l'œuvre de l'évêque de Milan a déjà été suffisamment mise en valeur par les spécialistes et je ne ferai que la rappeler.

Encore une découverte récente, l'*Entretien d'Origène avec Héraclide,* a montré en termes non équivoques combien d'emprise l'Adamantius a pu avoir sur la personnalité d'Ambroise [1]. Et ce n'est pas tout. Cet opuscule ne vient que confirmer ce qui était déjà en plein jour. L'*Expositio Evangelii Lucae* est si proche des *Homélies* d'Origène sur le même évangile [2] que le modèle est parfois rendu mot à mot [3]. Ce qui est bien dans le style de saint Ambroise. L'*Explanatio Psalmorum XII* contient également des emprunts textuels aux *Selecta in Psalmos* d'Origène, autant que l'on peut s'en rendre compte par les débris qui en sont restés [4]. On pourrait facilement allonger la liste [5].

---

[1] Voir Puech et Hadot, *L'Entretien d'Origène avec Héraclide...*, pp. 204–232.

[2] Trente-neuf sont celles qui nous sont conservées en latin, grâce à une traduction de saint Jérôme.

[3] Voir Schenkl, CSEL XXXII, P. 4, p. XIII. Hilaire de Poitiers et Eusèbe de Césarée sont également mentionnés parmi les sources dont Ambroise serait tributaire, mais peut-être ne font-ils que dépendre, eux aussi, d'Origène.

[4] Voir Pizzolato, *La Explanatio*, pp. 25–52. Pitra, *Analecta*, vol. III, pp. 246–257, avait aussi suffisamment montré la dépendance littéraire de l'*Expositio Psalmi CXVIII* d'avec les *Homélies* d'Origène sur le même psaume. C'était d'ailleurs déjà une lettre de Jérôme à nous faire savoir qu'Ambroise, dans son exégèse du psautier, avait suivi «in quibusdam» Origène: «(in explanatione psalmorum) apud Latinos autem Hilarius Pictauensis et Eusebius, Uercellensis episcopus, Origenem et Eusebium transtulerunt, quorum priorem et noster Ambrosius in quibusdam secutus est.», *Epist.* CXII, 20 *ad Augustin.* (CSEL LV, 390, 10–12).

[5] Une fois, en *Abrah.* II, 8, 54 (608, 10), il cite nominalement Origène et c'est

Hippolyte est aussi donné comme l'un des maîtres à penser d'Ambroise. *Patr.*, qui est un court traité sur les bénédictions de Jacob, ne se serait pas passé, à ce qui semble, de l'ouvrage d'Hippolyte de même sujet [1]. En outre, certains passages de l'*Expositio Psalmi CXVIII* [2] et du *De Virginitate* [3] semblent inspirés du *Commentaire* d'Hippolyte *sur le Cantique des cantiques* [4].

L'influence des deux auteurs se trouverait même concomitante, en plus encore de celle de Basile (la seule d'ailleurs qui soit définissable), en *Hex.* d'Ambroise. Tel est du moins le sens matériel et obvie d'une affirmation de Jérôme: «nuper Ambrosius sic Exaemeron illius (Origenis) compilavit, ut magis Hippolyti sententias Basiliique sequeretur» [5]. Il va de soi que nous ne saurions, en l'état actuel de nos connaissances, discuter de la légitimité de cette déclaration hiéronymienne, puisque nous ne possédons pas en la matière d'autres sources de renseignements (en effet, tout ce qui nous reste des ouvrages homonymes d'Hippolyte et d'Origène se réduit à quelques fragments insignifiants). Bien évidemment, pareilles multiplicité et variété d'inspiration seraient contraires au postulat énoncé plus haut de l'unicité (de principe) des sources dans les traités exégétiques ambrosiens. Sans prétendre se prononcer sur une éventuelle source unique ni sur la source première d'*Hex.* ambrosien, il est d'ores et déjà permis de penser qu'il existait sûrement au préalable, au niveau des trois sources dénoncées par

---

dans un but polémique. C'est dire qu'il ne l'a pas suivi dans ce livre, conformément à ce qui est arrivé à Philon (cf. pp. 24–25 et 58–59 et n. 1). Au sujet de l'influence d'Origène sur Ambroise, on peut voir encore: Förster, *Ambrosius*, pp. 112–117 et 291; Wilbrand, *Ambrosius und der Kommentar des Origenes zum Römerbriefe;* Völker, *Das Abraham-Bild...;* Puech, *Origène et l'exégèse du psaume 50, 12–14;* Baus, *Das Nachwirken des Origenes...*

[1] Voir Bonwetsch, *Drei georgisch...*, pp. 1–46.

[2] Idem, *Hippolyts Kommentar zum Hohenlied*, pp. 24, 35, 36–37, 39–40, 42–45, 47–51, 53–55, 57.

Origène et Basile, qui pourrait bien être, à son tour, dépendant du premier, figurent aussi en tant que probables inspirateurs d'Ambroise.

[3] Ibid., pp. 27–28, 32. La proximité des deux écrits sur ce plan est d'autant plus remarquable qu'ils se rapprochent dans le temps.

[4] Il subsiste en partie dans une version géorgienne. Pour quelques traits partiels de cette dépendance possible d'Ambroise par rapport à Hippolyte, voir aussi Rahner, *Hippolyt von Rom,* pp. 77–79; idem, *Die Gottesgeburt,* p. 337s. et 383.

[5] *Epist.* 84, 7 *ad Pammach. et Ocean.* (CSEL LV, 130, 8–10). Relativement au problème des sources visées par la critique de Jérôme, voir Klein, *Melemata Ambrosiana*, pp. 45–81.

Jérôme, une certaine réciprocité de sujet, de structure et de langage (sous quel rapport virtuel de priorité ou d'antériorité, on peut soi-même s'en douter un peu: c'est au fond ce qui expliquerait le mieux cette interférence). Il serait donc vain de vouloir mettre en doute la sincérité de Jérôme [1] qui avait vu probablement les quatre *Examéron* existants et qui était du même fait mieux placé que nous pour pouvoir en juger. Quant à *Hex.* d'Ambroise, il me semble qu'il n'y ait pas lieu de revenir sur ce verdict, si ce n'est au prix d'éléments nouveaux, et je n'en dirai donc pas d'avantage [2].

---

[1] Schenkl prétend même que Jérôme a été malveillant et de mauvaise foi dans son appréciation: «cum igitur maxima certe ex parte quae hoc opere continentur ad ipsum Basilium uel alios... reuocare possimus, iam patet Ambrosium non multa ex Origene sumpsisse atque Hieronymum parum diligenter uel etiam inique de hoc libro iudicauisse», Praef. à la Iᵃ pars, pp. XIII–XIIII, où il dit en quoi *(non multa!)* Ambroise se situe dans le sillage d'Origène (ibid., p. XIIII). Il n'est pas du reste invraisemblable à l'excès que Basile, en ce qui le concerne, ait auparavant déjà plagié Origène et Hippolyte (ou les deux à la fois). Mais voir remarques à la note suivante.

[2] Si l'on peut reprocher une seule chose à Jérôme, c'est d'avoir été un peu trop rapide dans sa conclusion qui ne nous apprend rien (mais s'est-il lui-même seulement soucié de le savoir) sur l'originalité propre à chacun des trois prédécesseurs d'Ambroise ni sur leurs éventuels rapports de dépendance mutuelle. Peut-être y avait-il réellement des correspondances et recoupements réciproques, et dans ce sens Jérôme aurait partiellement raison. Car j'exclus, pour ma part, que Jérôme fût déloyal et mal intentionné au point de proférer une sentence calomnieuse qui majorait ou exagérait volontairement les éléments adventices répréhensibles en *Hex.*, même si, comme je le crois, il se fit un plaisir de rendre de notoriété publique ces larcins littéraires ambrosiens.

On connaît maintenant suffisamment Ambroise, pour adhérer de plein gré à toute forme de dénonciation de ses contrefaçons, surtout émanant d'une source contemporaine.

Pépin, en une étude fort documentée et développée du premier chapitre de l'*Hex.* (la fameuse doxographie du début I, 1, 1–4), en a conclu a «un amalgame de plusieurs sources», mais toutefois «sous réserve que l'on découvre un jour un texte unique capable d'en rendre totalement raison» (*Théologie cosmique*, p. 532). Il ira même jusqu'à parler d'une «quadruple provenance» (à savoir Hippolyte, Philon, Cicéron et, comme s'il ne suffisait pas, un document épicurien, tel l'*Epitomé* de Philodème) «qui ne rend d'ailleurs pas compte de tous les détails du texte de l'Exameron» (p. 533).

Après tout ce que l'on connaît sur la méthode exégétique d'Ambroise, notamment dans l'emploi de Philon, on comprendra aisément que je sois peu enclin à me rallier à une explication de ce type. Dans l'hypothèse d'une source unique, Pépin avance aussi timidement le nom d'Origène «dont l'influence immédiate sur l'Exameron doit être admise» (ibid., p. 531), pour peu, ajouterais-je, qu'on

Mais si, dans son *Hex.*, Ambroise se sert de travaux d'Origène, voire d'Hippolyte ou de Basile, il est à supposer qu'il continue d'exploiter

---

prête foi au témoignage de Jérôme. Sur un point précis au moins, cet historien a montré la nécessité de supposer une source différente de Basile dont le témoignage aurait été complété par un recours direct au Commentaire d'Origène, en apportant ainsi un nouvel exemple illustrant l'inspiration origénienne d'Ambroise (*Théologie...*, pp. 415–417).

De même, van Winden, qui a étudié le texte d'*Hex.* I, 4, 12–16, est arrivé à la conclusion que, malgré le parallélisme net qui se profile avec l'interprétation de saint Basile, Origène et, par sa médiation, Philon sont également requis pour faire la part du passage ambrosien (*In the beginning*, p. 121). Cf. idem, *St. Ambrose's interpretation of the concept of matter*, où tout en démontrant qu'Ambroise dévie de la conception de St. Basile, il fait ouvertement allusion au commentaire sur la *Genèse* d'Origène (p. 215). Et Szabó, derrière van Winden, reconnaît que «la tradition judéo-chrétienne est transmise à Ambroise, ici *(Hex. I, 4, 12–15)* comme à plusieurs endroits de l'*Exa.*, par Origène» (*Le Christ et les deux créations...*, p. 23). Le même Szabó (*Le rôle du Fils...*, pp. 290–293), en discutant les sources d'*Examéron* I, 5, 19, exclut l'influence prochaine de Philon, pourtant très accusée, et situe plutôt Ambroise dans la *tradition chrétienne* (Origène, etc...) qu'il rejoint (ibid., p. 293ss.).

En outre, dans le contexte qui est plutôt celui des «réminiscences» païennes, l'utilisation occasionnelle et à un degré moindre, en *Hex.* II, 2, 6, du *Songe de Scipion* de Cicéron et, éventuellement, de Macrobe (voir Courcelle, *Nouveaux aspects du Platonisme chez saint Ambroise*, pp. 232–239, et Fuhrmann, *Macrobius und Ambrosius*) ne contredirait pas l'influence primordiale qui serait soit celle, plus perceptible et apparemment ici présente, de l'*Hexaemeron* de saint Basile, soit (et j'ai personnellement de plus en plus tendance à le croire) celle de l'œuvre homonyme d'Origène.

Mais est-il sûr, comme le veut Courcelle, que «ces trois 'sources': Basile, Cicéron, Macrobe, curieusement entrelacées, soutiennent à elles seules toute la page ambrosienne et ne permettent pas d'imaginer ici une autre source encore qui serait l'*Hexaemeron* perdu d'Origène» (p. 234)?

Au contraire, une source unique qui pourrait être constituée précisément par l'*Hexaemeron* d'Origène serait, dans tous les cas, plus conforme à ma théorie, élaborée plus spécialement pour Philon, de l'exclusion par principe d'un tel éventail de sources hétérogènes, même secondaires.

Pour en revenir à notre cas et à titre tout à fait hypothétique, Basile ne pourrait-il pas, contre l'avis défavorable de Courcelle, se trouver, quant à lui, en dépendance directe d'Origène; et Cicéron avec Macrobe, d'un côté, et Origène, du sien, ne pourraient-ils pas résulter, par voies différentes, d'un ancien document antérieur à déterminer?

Basile n'a pu raisonnablement tout ignorer de l'œuvre origénienne concernée ni se refuser de l'avoir comme modèle, avant d'écrire son *Hexaemeron*.

Plus difficile à expliquer serait évidemment la relation d'interdépendance Hippolyte-Origène.

l'une ou l'autre de ces mêmes sources en *Par.* qui apparaît comme la suite logique, sinon chronologique [1], d'*Hex.*

Basile, de son côté, se trouve éliminé au départ, son Ἑξαήμερον s'arrêtant à la création de l'homme (sixième jour) [2].

Origène par contre poursuivit régulièrement ses *Volumes* jusqu'au début du chapitre cinquième de la Genèse et Hippolyte écrivit lui aussi après l'Εἰς τὴν Ἑξαήμερον, un Εἰς τὰ μετὰ τὴν Ἑξαήμερον, c'est-à-dire un traité au moins sur le Paradis et la chute originelle (*Gen.* 2–3). Et, compte tenu du fait que l'*Hexaemeron* perdu d'Origène (connu sous ce nom par le lieu précité d'une lettre de saint Jérôme) ne devait pas être un ouvrage distinct des *Tomes* sur la Genèse, comme celui d'Hippolyte, selon toute probabilité, ne différait pas non plus de l'*In Genesim* du catalogue hiéronymien (cf. p. 71), tout porte à croire qu'Ambroise les a connus sous leur forme achevée et donc qu'il a pu en disposer dans son *Par.*

Hippolyte, en principe, aurait pu ainsi figurer à côté d'Origène parmi les principales sources de *Par.* Mais c'est là le champ de la pure hypothèse. Dans le cas d'Hippolyte, c'est donc dans le domaine du possible et de l'éventuel que, malencontreusement, nous sommes contraints de nous voir confinés, à moins d'ultérieures découvertes.

Pour la candidature d'Origène, il en va différemment. Il y a en sa faveur des indices sérieux qui dénoncent l'influence exercée par son œuvre. Et, en premier lieu, sont à mentionner comme extrêmement révélatrices les références savantes d'Ambroise aux versions d'Aquila et de Symmaque [3]. Or, dans l'*Explanatio Psalmorum XII* et dans l'*Expositio Psalmi CXVIII* où les citations d'Aquila, Symmaque et Théodotion sont beaucoup plus fréquentes et vont, pour ainsi dire, d'office [4], elles sont à coup sûr en dépendance évidente d'Origène qui, je l'ai déjà rappelé plus haut, avait l'habitude dans ses commentaires de grande envergure de se rapporter à l'imposant instrument de travail

---

[1] Voir Palanque, *Saint Ambroise*, Append. III, pp. 493–94. Cf. *Epist.* 34 (45), 1 *ad Sabinum* (CSEL LXXXII, 232, 3ss.). Cf. aussi Schenkl, l. c., p. VIII.

[2] Ce qui me fait en outre hésiter sur la paternité basilienne d'*Hex.*, c'est que celui des sources, tant en *Par.* qu'ici même, me semble former un seul et unique problème.

[3] Voir *Par.* 5, 27 (284, 2.6.8).

[4] Dans l'*Explanatio Psalmorum XII* on compte 23 références à Aquila, 20 à Symmaque et 5 à Théodotion; dans l'*Expositio Psalmi CXVIII* on en compte 6 à Symmaque et 3 à Aquila.

qu'étaient ses *Hexaples*. Ici alors il n'y a pas de raisons contraignantes de penser autrement. Je n'envisage même pas qu'Ambroise eût à sa disposition une copie des énormes et scientifiques *Hexaples*.

Puis il y a la longue section (*Par.* chapp. 5–8) destinée à réfuter les argumentations du gnostique Apelles. Les propositions de l'adversaire sont toutes extraites du XXXVIIIe tome [1] de l'immense ouvrage, intitulé Συλλογισμοί, dans lequel Apelles attaquait très violemment les livres de la Bible attribués à Moïse [2]. Après un nombre si impressionnant de volumes, l'auteur en était encore au chapitre II de la Genèse. Ambroise lisait-il directement les *Syllogismes?* C'est fort douteux, pour ne pas dire contre toute vraisemblance. Il n'y a donc plus qu'à hésiter entre Hippolyte et Origène. Mais, quoiqu'Hippolyte ait même composé un livre contre Marcion [3], dont Apelles était justement le disciple, Origène néanmoins est en meilleure position pour être ici la source littéraire d'Ambroise et il est à préférer, de loin, à Hippolyte. En effet, Origène nous a laissé, dans la deuxième des *Homélies sur la Genèse,* un gros fragment d'une objection d'Apelles [4]. On peut donc conclure, sans une trop grande marge d'erreur, qu'Origène, et plus exactement ses *Commentaires,* ont été la source première et principale de *Par.* d'Ambroise [5].

---

[1] Voir *Par.* 5, 28 (284, 19).

[2] Voir Harnack, *De Apellis gnosi monarchica.*

[3] Πρὸς Μαρκίωνα, catal. d'Eusèbe (GCS, Euseb., II 2, 568, 19).

[4] «Wie sind die Syllogismen des Apelles zu Ambrosius gekommen? Es ist höchst unwahrscheinlich, daß er sie selbst in Händen gehabt hat. Man braucht nur die Widerlegungen in c. V–VIII aufmerksam zu lesen und sie mit dem Tenor der ambrosianischen Arbeiten zu vergleichen, um sofort zu erkennen, daß der ganze Abschnitt übernommen ist. So vermochte Ambrosius selbst nicht zu schreiben. Die Quelle anlangend, so kann man nur zwischen Hippolyt und Origenes schwanken, die ja auch in dem Hexaemeron die Gewährsmänner des Ambrosius gewesen sind (s. Hieron. ep. 84, 7 ad Pammach.). Ich möchte, ohne mich sicher zu entscheiden, lieber an Origenes denken (Kommentar zur Genesis), der uns ja ein großes Fragment der Syllogismen erhalten hat. Auf die Nachricht des Praedestinatus freilich (c. 22): «Apellitas Origenes ita perfecte superavit, ut eorum causa periodeutes fieret et per singulas quasque urbes per orientem eundo praedicaret», darf man nichts geben», Harnack, *Sieben neue Bruchstücke ...*», pp. 119–120.

[5] C'est aussi ce qui m'empêche, outre les considérations présentées au chapitre précédent, de regarder sous l'angle d'un écrit «philonien», *Par.*, classé précisément comme tel par Dassmann et Szabó (voir p. 63, n. 2).

Origène ne serait pas non plus étranger aux commentaires d'Ambroise sur les Patriarches. Ainsi en *Isaac*, qui est en fait plus une interprétation allégorique du Cantique des cantiques qu'un éloge parénétique du patriarche (il sert plutôt de prétexte, car après l'exorde, il n'est plus question de lui que très peu et en passant), certaines exégèses convergent étrangement avec la traduction latine partielle et élaborée, qui a pour auteur Rufin, des dix livres sur le Cantique [1], les extraits de Procope de Gaza et les deux *Homélies* de Jérôme [2].

On rencontre, entre autres, la doctrine éminemment origénienne [3] de la division en trois catégories des livres de Salomon, correspon-

---

[1] Ce n'est qu'un bout des *explicita volumina* tant célébrés par Jérôme: «Origenes, cum in ceteris libris omnes uicerit, in Cantico canticorum ipse se uicet» (*Epist.* 84, 7 ad Pamm. et Ocean.: CSEL LV, 129, 9–10). Voir *Préface* à la traduction (GCS, Orig., VIII, 26, 3–4).

[2] La même étrange correspondance est accusée avec le *Commentaire* d'Hippolite *sur le Cantiques des cantiques* (voir Bonwetsch, *Hippolyts Kommentar zum Hohenlied*, pp. 55, 58, 60, 64, 66, 73–74).

A propos des influences prononcées et répétées, qui auraient été exercées sur plus d'un écrit d'Ambroise par les *Commentaires sur le Cantique* d'Hippolyte et d'Origène, on consultera utilement les travaux de Lewy, *Sobria Ebrietas*, pp. 154–157; de Ohly, *Hohelied-Studien*, pp. 32–46; et, surtout, de Dassmann, *Die Frömmigkeit...*, p. 135ss., et *Ecclesia vel anima*, pp. 121–124/137–144.

Mais rien n'empêche-t-il vraiment qu'Ambroise copiât ensemble Origène et Hippolyte ou complétât l'un par l'autre? Une fois encore, j'exprime ma réticence pour une solution pluraliste de cette nature. Cf. p. 84.

[3] «Et temptemus primum de eo requirere, quid illud sit, quod cum tria volumina ecclesiae Dei a Solomone scripta susceperint, primus ex ipsis Proverbiorum liber positus sit, secundus is, qui Ecclesiastes appellatur, tertio vero in loco Cantici Canticorum volumen habeatur. Quae ergo nobis occurrere possunt in hoc loco, ista sunt. Generales disciplinae, quibus ad rerum scientiam pervenitur, tres sunt, quas Graeci ethicam, physicam, enopticen appellaverunt; has nos dicere possumus moralem, naturalem, inspectivam... Solomon ergo tres istas, quas supra diximus generales esse disciplinas, id est moralem, naturalem, inspectivam, distinguere ab invicem ac secernere volens tribus eas libellis edidit suo quoque ordine singulis consequenter aptatis. Primo ergo in Proverbiis moralem docuit locum succinctis, ut decuit, brevibusque sententiis vitae instituta componens. Secundum vero, qui naturalis appellatur, comprehendit in Ecclesiaste, in quo multa de rebus naturalibus disserens et inania ac vana ab utilibus necessariisque secernens relinquendum vanitatem monet et utilia rectaque sectanda. Inspectivum quoque locum in hoc libello tradidit, qui habetur in manibus, id est in Cantico Canticorum, in quo amorem caelestium divinorumque desiderium incutit animae sub specie sponsae ac sponsi, caritatis et amoris viis perveniendum docens ad consortium Dei», Orig., Prologue au *Comm. du Cant.* (GCS, Orig., VIII, 75, 2ss.).

dant aux trois disciplines générales de la science profane: «... habes haec in Solomone, quia Prouerbia eius moralia, Ecclesiastes naturalis..., mystica sunt eius Cantica canticorum... In ipso quoque Canticorum libro Solomon hanc triplicem sapientiam euidenter expressit...»[1].

Ensuite, deux fois dans ce même commentaire, Ambroise fait mention d'une leçon d'Aquila [2].

Egalement en *Bono,* qui est étroitement lié à *Isaac* et qui à l'origine ne devait pas en être séparé [3], la doctrine de Saint Ambroise concernant les trois genres de mort [4] est manifestement empruntée à Origène, comme devait le mettre en lumière l'*Entretien avec Héraclide* [5]. Non pas que *Bono* dépende forcément de l'*Entretien,* ni *Isaac* des *Commentaria in Canticum.* Cela doit simplement nous faire soupçonner un contact solide d'Ambroise avec Origène qui, par exemple, revient à maintes reprises sur un sujet plein de suggestions et aussi percutant que celui des trois morts [6] et qui avait comme Philon le goût de la répétition [7].

---

[1] Voir *Isaac* 4, 22–30 (656, 14ss.). Cf. aussi *Explanatio Ps. XXXVI* I (CSEL LXIV, 70, 10ss.), *Expositio Ps. CXVIII* 1, 3 (CSEL LXII, 6, 12ss.) et l'*In Lucam,* Prol. 2 (CSEL XXXII, P. 4, 3, 7ss.).

[2] Voir *Isaac* 7, 58 (682, 18) et 7, 63 (686, 21).

[3] Voir *Isaac* 8, 79 (699, 21ss.).

[4] Voir *Bono* 2, 3 (704, 10ss.).

[5] Voir Puech et Hadot, art. cit., p. 206ss.

[6] Voir, outre l'*Entretien, In Num. Hom.* XII, 3 (GCS, Orig., VII, 103, 1ss.), *In Matth.* tom. XIII, 9 (ibid., X, 203, 23) et *In Ioann.* XIII, 23 (ibid., IV, 247, 18ss.) et XX, 39 (380, 27ss.). Origène le dit lui-même expressément dans l'*In Rom.* VI, 6 (PG XIV, 1068A): «Et quamvis de diversitate mortis a nobis saepe jam dictum sit, tamen quia praesens admonuit locus, apertius eadem repetere, et in unum quae sparsim sunt dicta colligere neque mihi pigrum sit, neque legentibus onerosum. Mors in Scripturis unum quidem nomen est, sed multa significat...»

[7] Comme par ailleurs le fait qu'on ait mis le *De Isaac,* le *Psaume 118* et le *De Virginitate* d'Ambroise, qui sont tous chronologiquement proches, en relation privilégiée avec le Cantique d'Origène ne prouve aucunement que celui-là s'inspire dans les trois cas du même *Cantique,* que déjà nous connaissons si mal, mais qui, le cas échéant, aurait pu être imité, c'est entendu. Cela pourrait également signifier qu'Origène y retourne accidentellement en des endroits concordants de ses très nombreux livres, que nous ignorons aujourd'hui et auxquels Ambroise aurait fait successivement des emprunts pour ses idées.

Quoi qu'il en soit au juste, l'interprétation, mystique entre toutes, d'Origène, qui voit dans l'épouse du *Cantique* une figure de l'âme ou de l'église, est, s'il en est, un thème qui lui tient à cœur. Ce qui fut une de ses plus belles trouvailles

Il ne me semble pas dans la ligne propre et familière d'Ambroise, alors qu'il s'apprête à faire l'exégèse des grandes figures patriarcales du livre de la Genèse, de s'en aller demander à un commentaire d'autrui sur le Cantique des cantiques ou, mieux encore, à un dialogue qui n'a rien d'exégétique, des thèmes de réflexion pour son travail.

A mon sens et sauf erreur de ma part, Ambroise avait sous les yeux un ouvrage d'Origène thématiquement parallèle au sien. Lequel? Il ne peut s'agir en tout cas des *Homélies* de Rufin [1]. On connaît déjà les travaux d'Origène relevant de la Genèse. Il ne reste alors que les deux livres d'*Homélies* ainsi dites *mystiques,* les grands *Commentaires* n'allant pas au-delà de la vengeance de Lamech (ch. 4) [2]. «Mystiques» n'est peut-être pas le titre exact du recueil, mais cette marque de distinction indique que celles-ci n'étaient pas des *Homélies* communes [3]. Elles ne portaient pas sur toute la Genèse, mais elles s'ouvraient avec l'histoire d'Abraham, car dans la première on en est déjà à parler de Melchisédech. On peut donc dire qu'elles s'intéressaient exclusivement aux narrations des Patriarches et sous un jour nouveau et peu littéral.

---

et un des traits les plus marquants de son génie (cf. Daniélou, *Origène*, p. 297ss.) aura été aussi un de ses leitmotive préférés.

A tout autre propos, Courcelle (*Recherches sur les Confessions de saint Augustin*, pp. 106–122; et *Plotin et Saint Ambroise*), puis Hadot *(Platon et Plotin dans trois sermons de Saint Ambroise)*, ainsi que Taormina *(Sant'Ambrogio e Plotino)*, ont découvert, selon les propres mots de Hadot, «une identité très apparente de sujet» (ibid., p. 220) entre le *De Isaac (vel anima)* et le *De Bono mortis*, d'une part, et des passages parallèles des *Ennéades* de Plotin et aussi du *Phèdre* de Platon, d'autre part (identité d'ailleurs déjà pressentie par Huhn, *Ursprung und Wesen...*, p. 47, n. 1). Ambroise lisait-il Plotin (et Platon) dans le texte? S'était-il constitué lui-même un recueil de citations, comme Courcelle incline à le penser, ou a-t-il puisé dans un ouvrage de références, tel le *De Regressu animae* de Porphyre, comme l'envisage plutôt Hadot? Les deux hypothèses ne manquent pas théoriquement de crédibilité.

Pour moi, et sur les données qui nous sont maintenant acquises, il ne fait aucun doute qu'Origène est ici le principal, sinon le seul, intermédiaire d'Ambroise, d'autant plus que «les voies par lesquelles Ambroise a connu le platonisme sont les plus diverses» (dont, je dirais, principalement Philon et Origène, comme l'a reconnu le même Courcelle, *Nouveaux aspects...*, p. 239).

[1] A supposer même qu'il y en ait de perdues, celles du moins qui ont survécu ne suffisent pas à expliquer une dépendance cohérente.

[2] Il y aurait encore, bien entendu, les *Scholies*, mais un tel genre littéraire ne se prête pas idéalement à notre cas.

[3] Pour des raisons d'ordre pratique, je continuerai quand même de les appeler ainsi.

Or, précisément, nos deux derniers commentaires ambrosiens constituent avec *Abrah.* I, *Iacob*[1] et *Ioseph* une série très compacte et homogène de traités[2], même chronologiquement parlant[3].

L'intention est explicite de prendre les uns après les autres, tous les Patriarches et de les proposer en exemples de sainteté. Chaque patriarche en effet incarne une vertu ou un état de vie vertueux. Ainsi Abraham, proposé au premier rang, est érigé en symbole vivant du dévouement[4], Isaac, comme le dit aussi le titre complet du livre *(De Isaac uel anima)* en celui de l'union amoureuse de l'âme avec Dieu en tant que fuite du corps[5], Jacob en celui d'une vie bienheureuse *(vita beata)*[6] et, pour terminer, Joseph est élevé au rang de modèle de

---

[1] Solignac, qui apporte de *nouveaux parallèles entre saint Ambroise et Plotin*, est frappé, en lisant le Περὶ εὐδαιμονίας de Plotin et le *De Jacob et vita beata*, par la «similitude d'idées» et «une même tonalité dans les formules et l'utilisation des mêmes exemples» (p. 149).
Je ne saurais conclure, quant à moi, pour des raisons déjà suffisamment connues, à une lecture directe de Plotin. Origène pourrait parfaitement avoir servi de canal intermédiaire à Ambroise pour ces quelques «citations implicites» (canal intermédiaire du néo-platonisme de Plotin plus peut-être que de Plotin lui-même, vu l'écart chronologique très serré entre nos deux contemporains). Comme aussi à propos des emprunts «relativement restreints et limités» (ibid.) au *De Macchabaeis* du pseudo-Flavius Josèphe (cf. ci-dessous, p. 86), je ne suis pas pleinement persuadé qu'il les tienne directement de Plotin. Ici non plus, je ne peux souscrire à l'opinion de Solignac.
[2] Voir *Ioseph* 1, 1 (P. 2, 173, 1–6): «Sanctorum uita ceteris norma uiuendi est, ideoque digestam plenius accepimus seriem scripturarum, ut dum Abraham, Isaac et Iacob ceterosque iustos legendo cognoscimus, uelut quendam nobis innocentiae tramitem eorum uirtute reseratum enitentibus uestigiis persequamur. de quibus mihi cum frequens tractatus fuerit, hodie sancti Ioseph historia occurrit.»
[3] Voir Schenkl, Pars 1, pp. VIIII–XII.
[4] *Abrah.* I, 2, 3 (503, 1–2): «itaque cuiusmodi fuerit in eo uiro deuotio consideremus.» La *devotio*, «piété, attachement religieux», c'est évidemment le grec εὐσέβεια (cette équivalence lexicale étant déjà accusée de Philon à Ambroise).
[5] *Isaac* 3, 6–7 (645, 21–646, 2 et 16–17): «perfecta... anima auersatur materiam, omne inmoderatum mobile malignum refugit ac respuit nec uidet nec adpropinquat ad illius terrenae labis corruptionem: diuina intendit, terrenam autem materiem fugit... Talis erat Isaac, cum Rebeccam aduenientem expectaret praeparans se copulae spiritali.»
[6] *Iacob* II, 1, 3 (P. 2, 32, 19–33, 1): «Quid horum quae ad meritorum beatitudinis spectant defuit sancto Iacob, qui tantum abfuit ab impiorum consortiis,... ut dura laborum absorbuerit, otii secura neglexerit?»

chasteté[1]. Tous sont vus sous un aspect éthique, comme réalisant chacun
une haute perfection morale [2]. Voilà pourquoi Ambroise tient à préciser que le premier traité de *Abrah.* est entièrement conçu dans un
registre moral : «Abraham libri huius titulus est... de quo nobis moralis
primo erit tractatus et simplex»[3].

Est-il trop hasardeux de rattacher ces commentaires d'Ambroise
aux *Homélies «mystiques»* d'Origène [4]? Etendue et polyvalente a été
incessamment l'influence d'Origène sur Ambroise [5]. Mais avons-nous
directement affaire, dans le cas qui nous préoccupe, aux *Homélies
«mystiques»*? En soi, il n'est pas vraiment indispensable de les invo-
quer. Y a-t-il d'autres indices plus concrets?

Eustathe, dans son *De Engastrimytho* (du grec Περὶ τῆς ἐγγαστριμύ-
θου)[6], rapporte un raisonnement abstrus d'Origène touchant les puits
creusés par Abraham (*Gen.* 21, 25). On ne trouve rien de tel dans les
*Homélies* latines de Rufin lesquelles s'étendent pourtant sur les puits
creusés par Isaac. Cela donc devait se trouver, si je ne m'abuse, dans une
des *Homélies «mystiques»*. Or, en *Isaac* 4, 21ss. (656, 6ss.) il est justement
question des puits d'Abraham allégoriquement interprétés : «quis haec
legens terrena magis quam spiritalia opera esse arbitretur, quod uel
Abraham fodit puteos uel Isaac, tanti uidelicet patriarchae, uel etiam

---

[1] *Ioseph* 1, 1 (P. 2, 73, 6–8) : «in quo cum plurima fuerint genera uirtutum,
tum praecipue insigne effulsit castimoniae.»

[2] Ibid. (8–12) : «iustum est igitur ut, cum in Abraham didiceritis inpigram
fidei deuotionem, in Isaac sincerae mentis puritatem, in Iacob singularem animi
laborumque patientiam, ex illa generalitate uirtutum in ipsas species disciplinarum intendatis animum.»

[3] *Abrah.* I, 1, 1 (501, 2–4) ; et *Abrah.* II, 1, 1 (564, 4–6) : «Moralem quidem
locum persecuti sumus qua potuimus intellectus simplicitate, ut qui legunt
morum sibi possint haurire magisteria.»

[4] Redepenning avait déjà conjecturé pour lesdites *Homélies*, la leçon «mora-
lium» et je la préfère nettement aux autres.

[5] «Habuit (sc. Rufinus in promptu) Ambrosium, cujus pene omnes libri hujus
(sc. Origenis) sermonibus pleni sunt», Hieron., *Adversus Rufinum* I, 1 (PL
XXIII, 417B). «Ego non accusavi quare Origenem pro voluntate transtuleris :
hoc enim et ipse feci, et ante me Victorinus, Hilarius, Ambrosiusque fecerunt»,
ibid., III, 14 (col. 488D) ; cf. ibid., II, 14 (456C), *Epist.* LXI, 2 *ad Vigilantium*
(CSEL LIV, 577, 12ss.) et *Epist.* CXII, 20 *ad Augustin.* (CSEL LV, 390, 10ss.).

[6] Cap. XXI (PG XVIII, 655B) : Ἀλλ' οὐχὶ τὰ ὑπὸ τοῦ Ἀβραὰμ ὀρωρυγμένα
φρέατα, καὶ τῶν ἀμφ' αὐτῶν ἀλληγορεῖ, καὶ τοσοῦτον ἀποτείνας λόγου ἐσμὸν, ἅπασαν
ὁμοῦ τὴν πραγματείαν αὐτῶν ἀναιρεῖ, μεταθεὶς εἰς ἕτερον νοῦν, καίτοι τῶν φρεάτων ἐπὶ
χώρας ἔτι καὶ νῦν ὄψει φαινομένων;

Iacob, sicut in euangelio repperimus, uelut fontes quidam generis humani et specialiter deuotionis ac fidei. quid est enim puteus aquae uiuae nisi profundae altitudo doctrinae?...» Et le rapprochement est d'autant plus frappant qu'immédiatement après, Eustathe en vient à parler d'Isaac et de Rébecca. Ce qui laisserait entendre que dans son imagination, les deux images conceptuelles étaient inconsciemment liées. Il poursuit en effet: Οὐχὶ τὰ τοῦ Ἰσαὰκ καὶ τὰ τῆς Ῥεβέκκας ἐτρο-πολόγησε πράγματα, τὰ μὲν ἐνώτια καὶ ψέλλια λόγους εἶναι χρυσοῦς εἰρη-κώς, ἅπασαν δὲ τὴν ὑπόθεσιν ἐκβιασάμενος, ἐκείνην ἐπὶ τοῦ νοητοῦ παρα-λαβὼν ἐσυκοφάντησε; [1]

Cette invective d'Eustathe ne s'appliquerait-elle pas telle quelle à Ambroise et ne définirait-elle pas aussi notre *Isaac?* N'est-il pas parti-culièrement impressionnant de réaliser que ce qu'Origène racontait des bracelets et boucles d'oreilles de Rébecca (*Gen.* 24, 30) réapparaît presque textuellement [2] vers la fin de *Abrah.* I: «... non has inaures Rebecca habebat et uirias... alias inaures habebat... alias uirias. inaures Rebeccae pii auditus insignia et uiriae Rebeccae ornamenta factorum sunt...» [3]. Il est vrai que ce détail allégorique se retrouve «apertis verbis» dans la dixième *Homélie* latine [4]. Il est toutefois hors de ques-tion qu'Ambroise en dépende à cette occasion. Origène y revenait sans doute ailleurs dans ses livres. Mais où, sinon, comme il fût tout à fait naturel, dans ses *Homélies «mystiques»?* Il n'y a donc pas à hésiter, à mon avis, qu'il puisse là s'agir des *Homélies «mystiques»*, dont enfin nous aurions ici un pâle reflet, sans qu'il soit pour autant dans mon intention d'en faire une nécessité impérieuse et absolue [5].

---

[1] *De Engastrim.*, loc. cit. (655C).

[2] Eustathe cite visiblement de mémoire. C'est pourquoi il ne faut pas demander à sa citation, un parallèle exact.

[3] 9, 89 (560, 9–13); et de nouveau en *Isaac* 3, 7 (646, 18–20): «... ueniebat (sc. Rebecca) magna secum ornamenta aurium et manuum ferens, eo quod auditu et operibus emineat ecclesiae pulchritudo...».

[4] *In Genesim Hom.* X, 4 (GCS, Origenes VI, 98–99): «vult enim (Rebecca) aurea in auribus verba suscipere, et aureos actus in manibus habere.»

[5] Ambroise, au sujet de Melchisédech, *Abrah.* I, 3, 16 (513, 16ss.), ne souffle pas mot de ce qu'Origène disait de lui (que c'était un ange) et que Jérôme lui attribue. Je disais à ce propos qu'il fallait y voir une allusion aux *Homélies «mystiques»* (voir n. 4, p. 70). Quoi qu'il en soit, il semble pourtant qu'Ambroise, dans le lieu cité, se débarrasse trop vite du sujet, alors qu'il déclare précisé-ment en *Abrah.* II, 8, 45 (598, 23ss.) s'y être longuement étendu dans le premier livre: «de Melchisedech in tractatu morali (*Abrah.* I) plene diximus, in quo et mysterium nequaquam praeteritum ac praetermissum est, hoc loco autem satis

*Patr.* ou *De Benedictionibus patriarcharum* est en relation intime avec *Ioseph.* Il suffit de lire la conclusion de *Ioseph* et le début de *Patr.* pour s'en rendre compte aussitôt. Aussi ne formaient-ils à l'origine qu'un seul livre [1]? Son sort est donc lié à celui de *Ioseph.*

Mais, disait-on, *Patr.* a des attaches littéraires évidentes aux *Bénédictions des Patriarches* d'Hippolyte. Ce qui infirme, à l'évidence, ma supposition étendue à *Patr.* Qu'on regarde cependant à une chose: dans l'ouvrage d'Ambroise, chaque nom hébraïque reçoit pratiquement son interprétation, tandis qu'Hippolyte (au contraire d'Origène) porte peu d'intérêt à ces étymologies. On peut, bien sûr, faire appel à un onomastique. Je préfère, pour mon compte, ne pas parler d'onomastique, comme l'on sait (cf. n. 1, p. 58), mais je répugne aussi à parler de simultanéité de sources (ce qui serait bien nouveau, après surtout le calque à la fois tenace et inconditionnel de Philon). Sans dire également qu'Hippolyte et Origène pourraient à la rigueur dépendre l'un de l'autre ou, éventuellement aussi, d'une source antérieure commune.

*Fuga* appartiendrait, d'après moi, à ce même groupe de «sermons» dépendants des *Homélies* «*mystiques*». Il serait à situer, à mon sens, tout de suite après *Bono,* ordre suggéré d'ailleurs par les manuscrits qui le portent [2]. En effet, l'idée de ce traité est tirée, me paraît-il, de la fuite de Jacob en Mésopotamie sous la pression de sa mère Rébecca (*Gen.* 27, 43) [3], alors que le reste viendrait, comme autant d'excursus, étoffer et illustrer le thème général de la fuite, tout comme les surabondantes digressions à travers le Cantique des cantiques en *Isaac.*

---

est illud admonere...». Or, ce *plene* se réduit, à ne pas y croire, à quelques simples lignes, de sorte qu'en *Abrah.* II il en dit beaucoup plus long qu'en *Abrah.* I. N'aurait-on pas de ce fait même expurgé ou altéré une bonne partie du texte? L'interprétation bizarre qu'Ambroise tenait d'Origène n'aurait-elle pas peut-être été à l'origine de cette manipulation?

[1] On peut certes se poser la question. Schenkl (voir sa Praef., pp. IIII–V et n. 1) répond affirmativement. L'auteur s'appuie sur un lieu de Cassiodore (*Inst. divin. litt.* 1: PL LXX, 1111B). Voir sur ce point de détail, ma *Note sur un lieu de Cassiodore faisant allusion aux sept livres d'Ambroise sur les Patriarches.*

[2] Idem, P. 2, p. I.

[3] Voir *Fuga* 4, 19ss. (P. 2, 179, 15ss.). Cf. Szabó (*Le rôle du Fils dans la création...*, pp. 263–266) pour qui des «réminiscences néo-platoniciennes» s'observeraient aussi en *Fuga.*

Mais ne se pourrait-il pas que ce néo-platonisme soit, une fois de plus, filtré par Origène?

*Fuga* garde parmi les commentaires «philoniens» et «non philoniens» recensés d'Ambroise un statut un peu ambigu, ainsi que je le faisais noter en temps et lieu [1]. Il y a incontestablement des points de rencontre alarmants avec *Prof.* de Philon [2], mais est-ce par contact direct? On observe une certaine irrégularité et discontinuité dans l'emploi qui ne reflètent guère le procédé normal d'utilisation constaté ailleurs.

C'est pourquoi je présume que Philon n'est pas non plus ici la source immédiate de *Fuga* d'Ambroise et que ces «philonismes» se seraient glissés furtivement jusqu'à lui par le truchement d'un autre auteur que j'identifie pour des motifs, je crois, assez valables, avec l'Origène des *Homelies «mystiques»* [3].

---

[1] Voir ci-dessus, pp. 51–52.

[2] Voire avec *Isaac*: «Par exemple, il est absolument impossible de comprendre la suite des idées dans Ambroise, *De Isaac,* I, 2, tant que l'on n'a pas identifié la source du passage = Philon, *De Fuga,* 188–195, qui seule permet de donner un sens à l'ensemble apparemment incohérent des métaphores employées par Ambroise» (Hadot, *Porphyre et Victorinus,* p. 35, n. 1).

[3] Je reconnais enfin honnêtement qu'il me reste encore quelques petites hésitations du fait qu'Ambroise semble réutiliser *Prof.* notamment dans les *Lettres* III (67), IV (27) et X (38) (CSEL LXXXII, 19–34 et 73–78) et la *Lettre* VIII (Maur.).

Une fort intéressante suggestion de travail serait alors de réexaminer, à la lumière des conclusions précédentes, les emprunts apparents d'Ambroise à Philon au sein des *Lettres exégétiques* (j'en ai énuméré 111 dans le répertoire de l'édition de Faller (voir p. 7, n. 1 et p. 12, n. 2, ainsi que, pour l'état général de la question et à titre de synthèse, ma table de concordances en annexe II).

Le problème serait de savoir avec certitude si le contact supposé direct est véritablement assuré ou s'il a lieu par un ou plusieurs «intermédiaires».

Une première approche de cette nouvelle problématique, qui demanderait toutefois à être approfondie, m'a permis de rester sur mon intuition et ma circonspection initiales et m'a affermi dans mes positions adoptées au cours de cette étude, qu'il faudrait, selon moi, élargir aux *Lettres.*

La question reste donc ouverte pour le moment. Je compte d'ailleurs poursuivre ultérieurement cette «Quellenforschung» sur l'usage de Philon dans le corpus épistolaire ambrosien.

J'ai réétudié encore tout récemment et plus à fond, les emprunts à *Her.* dans deux lettres notamment, et j'en suis arrivé au même résultat, à savoir que les correspondances souvent verbales seraient «véhiculées» par un «intermédiaire» qui pourrait bien être en l'occurrence Origène (voir mon *Utrum Ambrosius mediolanensis... opusculum... «Quis rerum divinarum heres sit» usurpaverit...*).

Hadot accède aux mêmes conclusions en comparant des textes de *Fuga* d'Ambroise avec Platon, Plotin et Philon: «Il est presque sûr que les textes groupés au nᵒ 2 ne proviennent pas d'une lecture directe de Platon et il est

De même, les emprunts (dont quelques-uns textuels) de *Iacob* au Περὶ αὐτοκράτορος λογισμοῦ, alias Μακκαβαϊκόν [1], faussement attribué à Flavius Josèphe, emprunts qui présentent des caractéristiques insolites [2], seraient arrivés par un chemin analogue. Et ainsi en irait-il de toutes les coïncidences, fussent-elles littérales, de tous les autres commentaires «non philoniens» d'Ambroise avec des traités de Philon.

Origène serait donc, dans un certain nombre de cas que j'ai essayé de cerner, le véhicule de Philon pour Ambroise et les références légitimes aux différents traités philoniens ne seraient en substance qu'indirectes, subreptices et, pour m'exprimer ainsi, strictement involontaires [3].

---

possible qu'Ambroise ne connaisse Plotin et Philon que par un intermédiaire. Mais la découverte de celui-ci modifierait la compréhension que nous avons d'Ambroise» (*Porphyre et Victorinus*, p. 37, n. 1).

[1] Voir Euseb., *Hist. eccl.* III, 10, 6 (GCS, II 1, 224, 17–18).

[2] Voir *Iacob* I, 1, 1–2, 7 (II, 3, 2ss.) et II, 10, 43–12, 58 (59, 1ss.). Déjà seulement à ces chiffres, on remarquera l'anomalie de l'usage. Cf. p. 81, n. 1.

[3] Daniélou a élaboré la même chose chez Grégoire de Nysse et il est arrivé aux mêmes résultats, à savoir que certains traits philoniens passent par Origène (*Philon et Grégoire de Nysse*). Je cite ici son propos final: «Le fait d'une fréquentation de l'œuvre de Philon par Origène est certaine pour des raisons de critique externe et interne. L'usage que fait Grégoire de Philon porte sur des domaines divers: il est plus philosophique dans le *De opificio*, plus spirituel dans le *De virginitate*, plus rhétorique dans l'*historia* de la *Vie de Moïse*, plus allégorique dans la *Theoria*. Mais cet usage reste très latéral. Non seulement ces éléments philoniens sont intégrés dans un ensemble dont la perspective est entièrement différente, commandée par la christologie, mais ils ne sont qu'un des éléments utilisés par Grégoire. Posidonius et Plotin, Origène et Basile sont des sources plus importantes de sa pensée. L'intérêt de notre enquête est de montrer que Philon faisait partie de la bibliothèque d'un chrétien cultivé d'alors» (p. 345).

Wilbrand, *Ambrosius und Plato*, pp. *42–*49, a aussi très bien montré que les attaches littéraires d'Ambroise à Platon, dont je souligne ici avant tout celles qui on trait à *Abrah.* I, à *Isaac*, à *Bono* et à *Fuga*, ne sont pas directes, mais qu'elles remontent à une «Mittelquelle», identifiable à coup sûr avec des écrits perdus d'Origène. Ambroise, si j'en crois Courcelle (*Nouveaux aspects du platonisme...*), n'ayant pu lire, pour *Abrah.* II, 8, 54 et *Isaac* 8, 65, le *Phèdre* de Platon, d'où ces passages sont inspirés de manière tangible, réclame une autre origine à ses textes. Tout en admettant qu'Ambroise a peut-être utilisé le *Commentaire sur le Cantique des cantiques* d'Origène, ce critique pense qu'il a eu sous les yeux au moins un *excerptum* du *Phèdre* relatif au mythe de l'âme (p. 231). Il distingue donc deux sources.

A la suite de Courcelle, j'écarte l'hypothèse d'une lecture directe du *Phèdre*,

L'usage qu'Origène, beaucoup plus à l'aise qu'Ambroise dans l'exégèse philonienne, fait habituellement de Philon répond fort bien à celui que je soulignais dans certains des commentaires ambrosiens: inorganique, hétéroclite et judicieux. Exactement le contraire d'Ambroise à l'intérieur de son usage de Philon et en dehors même de cet usage qui, pour changer de dénomination et de visée, ne change pour cela ni de formule ni d'impact.

Ce n'est donc faire aucun tort à Ambroise ou en amoindrir le talent réel que de vouloir à tout prix le rabaisser au rang d'imitateur impénitent [1]. Quand on sait par ailleurs que la matière de nombre de ses commentaires exégétiques, traités d'autre genre et jusque dans ses *Lettres* est empruntée de toutes pièces à Philon, Origène, Basile, Didyme, Cicéron, et j'en passe, on finit à juste titre par devenir sceptique et toujours former de nouveaux soupçons à son égard [2]. Son attitude générale et un peu de sens critique nous y obligent. L'«usurpatio» abusive de tout auteur, dont il s'empare et par qui il se laisse fasciner, justifie amplement craintes et réticences. Les miennes me semblent, à elles seules, avoir quelque fondement objectif.

Des découvertes ultérieures apporteront, il faut l'espérer, la clarté désirée. Ambroise n'a sans doute pas encore fini d'étonner et il nous réserve à l'avenir beaucoup de surprises similaires [3].

---

mais, suivant Wilbrand, je suis d'avis qu'ici encore les allusions platoniciennes explicites tiennent pour source intermédiaire Origène (sans forcément être obligé d'avoir recours au *Commentaire* perdu *sur le Cantique des cantiques*: cf. p. 79, n. 7).

[1] Comme je prévenais le lecteur dans l'Introduction, on lui reconnaît de toute manière certains mérites et qualités intrinsèques d'écrivain, d'orateur et de poète et ses livres continuent de garder une valeur effective en eux-mêmes.

[2] Je pense encore ici tout particulièrement au *De Interpellatione Iob et David* et aux deux *Apologiae David*. On sait par ailleurs que le *De Helia et ieiunio*, le *De Nabuthae* et le *De Tobia* ont subi l'influence d'*Homélies* de Saint Basile (voir Schenkl, IIᵃ pars, pp. XVIII–XX). Du reste, même dans le *De Interpellatione Iob et David*, beaucoup d'explications semblent tirées des *Homélies* «In Iob» d'Origène, ainsi que le note Klostermann, *Die Überlieferung...*, p. 57. L'influence étrangère se déploie et se fait sentir ensuite dans les traités dogmatiques et moraux. Mais ce n'est pas ici mon principal propos.

[3] Ambroise doit ainsi passer pour une source inépuisable dans la connaissance d'anciens auteurs dont nous aurions aujourd'hui perdu les œuvres. «... fortasse justae molis volumina Philonis adhuc dum latent inter Mediolanensis elegantias», Pitra, *Analecta sacra*, pp. 297–298. «Il est assez émouvant de constater, nous semble-t-il, que la sténographie d'une discussion d'Origène

Voilà où m'ont amené quelques «pseudo-philonismes» dans les commentaires d'Ambroise sur la Genèse.

---

retrouvée par hasard au XX$^e$ siècle était connue en Occident un peu plus de
cent ans après Origène et que l'évêque de Milan n'hésitait pas à l'utiliser littéralement pour composer ses homélies sur saint Luc. C'est un nouveau témoignage en faveur de l'extraordinaire rayonnement de la pensée d'Origène. C'est
aussi une invitation à exploiter la mine très riche qu'est l'œuvre de saint Ambroise. Sa très grande érudition nous réserve probablement bien des surprises»,
Puech et Hadot, *L'Entretien d'Origène...*, pp. 233–234.

# VI.

## LA TRADUCTION ARMÉNIENNE DE PHILON

Il semble donc que l'influence d'Origène sur l'ensemble de l'œuvre exégétique d'Ambroise soit comparable et par l'ampleur et par le mode d'exercice à celle de Philon, voire même supérieure, bien que nous ne puissions, dans le cas du premier, toujours l'appréhender ou en dégager l'à-propos, étant donné la perte immense et profondément regrettable des écrits origéniens. Passablement différent et, tout bien considéré, des plus enviables fut heureusement le sort de Philon [1], si bien qu'il est possible aujourd'hui de contrôler en détail et minutieusement, ce qu'il y a et ce qu'il n'y a pas de rigoureusement philonien.

De prétendus philonismes, qui n'en sont pas au même titre que les vrais et qui exigent une justification conforme, m'obligent néanmoins à reconnaître dans les commentaires indépendants de Philon, hormis peut-être *Hex.* de diverse appartenance (et encore nous n'en sommes pas absolument certains), la présence discrète, mais permanente d'un

---

[1] «Gravia quantumvis fuerint tum vitia, tum pericula, quae Philonis libros elevant, mirum est quanta cum libertate et benivolentia recepti fuerint apud Graecos, Latinos et Armenos, dum alumnos aemulosque ejusdem Alexandrinos vix non tulerit aut aevum, aut invidia, aut publica animadversio. Pantaeni nihil superest, nihil Heraclae. Rarissima est Clementis trilogia, caeteris libris magno numero abolitis. Origenis ruinae latius patent quam mutila opera, fulminibus vix erepta. Philonis autem alia fortuna fuit, eoque stupenda magis, quod vel apud Judaeos ignotus fere spretusque manserit, neque ullum locum teneat in toto illo spisso orbe scholarum Thalmudicarum. Caute quidem et sero, nec nisi ex parte, pervenit ad Latinos; sed in Oriente, maxime graeco, ejus opera, quantumvis haud exiguae molis, certatim rescripta, quocumque permearunt... Dum enim Origenes vapulat, ac pene totus exsulat ex dogmaticis collectaneis Graeco-Syrorum, Philoniana plenis amplexibus excipiunt Anastasius, Leontius, Damascenus, asperrimi Origenis censores. Syri (?) Philonem ad Armenos transmittunt, qui plura nobis soli servarunt...», Pitra, *Analecta sacra*, t. II, p. 297.

modèle que beaucoup d'indices sérieux me font justement identifier avec Origène, au reste nullement étranger à plusieurs autres compositions ambrosiennes. Telle a été la démarche des chapitres précédents.

Mais, si tout pousse à croire qu'Ambroise, à l'intérieur même de ces commentaires sur la Genèse, fait large usage d'exégèses d'Origène, vraisemblablement des *Homélies «mystiques»*, à côté de traités philoniens, la question est remise en cause avec urgence, de savoir d'où lui dérivent les copies de ces derniers. L'hypothèse en effet qu'Ambroise ou un autre à sa place ait reçu de la bibliothèque de Césarée à la fois les œuvres d'Origène et celles de Philon se présente a priori comme très tentante et séduisante. Nous savons comment Philon avait une place de premier ordre dans cette même bibliothèque. Le grand maître juif aurait-il donc suivi Origène dans le chemin vers l'Occident, sur commande d'Ambroise ou d'un lettré également intéressé à l'acquisition, avant lui?

Je ne le crois pas pour les motifs que l'on sait, auxquels viennent s'ajouter maintenant deux arguments de quelque poids. Le premier, c'est en effet la prise de conscience de l'existence d'une *vieille version latine* pouvant même être datée, au dire de certains philologues, d'avant Ambroise et qui, dans tous les cas, a des attaches simplement surprenantes avec lui, mais qui a surtout pour elle l'avantage incontestable de se distancer notablement de Césarée. Le deuxième, c'est une comparaison que j'ai moi-même tentée entre les commentaires ambrosiens utilisant *Quaest.* et la traduction arménienne de celles-ci, le grec n'ayant pas survécu malheureusement. Et comme cette traduction est, sans hésitation possible, faite à partir de «Césarée», pour être exact de la deuxième édition [1], la confrontation profitable avec la «quasi-traduction» d'Ambroise m'a permis de conclure si le «codex» philonien possédé par ce dernier a encore oui ou non des chances positives de descendre de la bibliothèque d'Origène.

Je traiterai en second lieu des problèmes inhérents à l'ancienne version latine, car, après s'être familiarisé avec la version arménienne

---

[1] «Pour les *Quaestiones in Genesim et in Exodum,* la version arménienne dérive sûrement de l'édition partielle d'Euzoios... On peut donc penser qu'il en est de même pour les deux livres du *Legum allegoriae,* car au début du Ve siècle (date de cette version) il ne semble pas que les deux éditions ω et α–β avaient déjà interféré. Or 2ab (= *Leg.*), dans la version arménienne appartient nettement à la forme textuelle ω», Barthélemy, *Qui censura...,* p. 66, n. 2.

de *Quaest.* pour la partie qui n'a pas d'équivalent dans la latine, on pourra mieux établir un parallèle entre les deux pour la partie qui se recoupe (91 *Questions*).

Je commencerai donc avec la traduction arménienne qui peut nous éclairer, si besoin encore est, sur le rapport contesté Ambroise-Césarée. Et d'abord quelques mots de cette traduction.

Ses deux notes principales sont l'antiquité et la fidélité remarquable à l'original grec [1].

Aucher [2] et Conybeare [3], au siècle passé, pensaient qu'elle pouvait dater du VIe siècle, âge d'or de la littérature arménienne, du temps en effet où fleurit en Arménie et hors d'elle toute une équipe de traducteurs sous l'impulsion et la direction du catholicos Sahak (Isaac Ier), lui-même adonné à la vulgarisation de la Bible et secondé dans sa mission culturelle par la valide coopération de Mesrop Machtotz [4].

Lewy [5] a corrigé ensuite leurs points de vue, qui reposaient sur de fausses bases, et différé d'un siècle la date de notre version. Les arguments invoqués par lui sont, d'une part, linguistiques: l'influence marquée de la langue grecque, propre à la fin de l'âge d'or; et, d'autre part, historico-littéraires: l'utilisation de Philon par Movsès Khorénatsi (Moïse de Khorène), dont l'*Histoire d'Arménie* est un apocryphe du VIIIe ou IXe siècle qu'Aucher et Conybeare croyaient dater du Ve et sur lequel ils se fondaient dans leurs essais de datation. Or, de fait, le «terminus ante quem» est plutôt fourni par l'historien Elisée (ou Eghiché) qui utilise Philon dans son *Histoire* écrite après 570. Enfin, dans l'hypothèse de Lewy, qui essaie même d'en préciser le contexte historique exact, cette traduction, œuvre de l'Ecole hellénis-

---

[1] Sur la technique suivie dans la traduction et son haut degré de fidélité (juxtalinéaire, pourrait-on dire d'elle), voir Lewy, *Pseudo-Philonic «De Jona»*, pp. 16–24; cf. Petit, *L'ancienne version latine*, vol. I, pp. 16–17.

[2] «Deinde esset nobis de Armeno Interprete dicendum, quantum nempe curet verbum verbo reddere nimium fidus, quantaeque praeterea redoleat antiquitatis, quum saeculo V. vixerit», Aucher, *Paralipomena Armena*, p. II; voir encore et surtout, du même auteur, *Philonis Judaei sermones tres...*, Introd., pp. III–IV.

[3] *Specimen lectionum armenicarum*, p. 2, et *Philo...*, p. 155. Cf. en outre Marcus (*Philo*, Suppl. I, p. VII) qui, de nos jours, reproduit encore cette opinion dépassée.

[4] Cf. plus haut, p. 22, n. 3.

[5] *Pseudo-Philonic*, pp. 9–16. Sa position est reprise par Petit, *L'ancienne version latine*, pp. 15–16.

tique (550–600), aurait vu le jour à Byzance au sein d'une communauté d'arméniens exilés (peu après 570) [1].

Et puisqu'elle est faite sur l'édition partielle d'Euzoios [2], on explique sans grande peine pourquoi des cinq livres de *Quaest. Ex.* catalogués par Eusèbe, deux seulement ont été traduits [3]. La bibliothèque d'Origène, composée essentiellement de papyri, s'était vite détériorée et endommagée au point qu'elle était déjà dans un état presque irrécupérable, lorsque, quelques décennies plus tard, l'évêque Acacius et Euzoios, après lui, ont tenté de sauver ce qui pouvait encore l'être et transcrit tout le fonds sur parchemin *plurimo labore* [4].

Cela explique en outre que de *Quaest.* (dont le nombre des livres n'est du reste pas clairement rapporté par Eusèbe), manquent dans la traduction arménienne la suite de *Gen.* 28, 9 et également trois parties intermédiaires d'importance, à savoir de *Gen.* 10, 9 à *Gen.* 15, 7, juste entre le IIe et le IIIe livre de l'arménien, partie qu'Ambroise par contre donne la preuve d'avoir connue, de *Gen.* 21 à 22 (deux chapitres entiers)

---

[1] Le seul obstacle à cet effort de datation pourrait surgir du fait qu'on voit mal qu'un traducteur de la fin de VIe siècle, alors que la *Vulgate arménienne* existait depuis plus de cent ans, ne se soit pas conformé, pour les textes bibliques, à cette version devenue officielle en ce temps-là, cela va sans dire. Si encore il s'était limité à traduire les lemmes selon la recension attestée par Philon ! Mais il a un regard constant pour la *Vieille arménienne* à laquelle il semble être familier. Il faut dire à ce propos que la réfutation opposée par Lewy à celle qui était déjà l'argumentation corollaire d'Aucher et de Conybeare (locc. citt.) est assez ténue et un peu décevante (p. 10, n. 39).

[2] Voir ci-dessus, p. 90 et n. 1.

[3] «Fast unsere gesamte Philoüberlieferung geht höchst wahrscheinlich auf die Bibliothek in Cäsarea zurück (s. oben S. 643). Diese Bibliothek war im 4. Jahrh. defekt geworden und wurde durch die Bemühungen der Bischöfe Acacius (338–365 n. Chr.) und Euzoios (376–379 n. Chr.) erneuert, indem die Papyrusrollen in Pergament-Kodices umgeschrieben wurden (*Hieronymus, Epist. 34 ad Marcellam c. 1, opp. ed. Vallarsi I, 155 : quam ex parte corruptam Acacius dehinc et Euzoios ejusdem ecclesiae sacerdotes in membranis instaurare conati sunt*). Wenn bei dieser Erneuerung nur noch Buch 2 und 5 unserer *Quaestiones* vorhanden waren, so kann damals sehr wohl die neue Bezifferung eingeführt und seitdem herrschend geworden sein.» Schürer, *Geschichte...*, vol. III, p. 646, n. 38.

[4] La notice est de Jérôme dans le *De Viris inlustribus* 113 (PL XXIII, 746B) : «Euzoios, apud Thespesium rhetorem, cum Gregorio Nazianzeno episcopo adolescens Caesareae eruditus est, et ejusdem postea urbis episcopus plurimo labore corruptam jam Bibliothecam Origenis et Pamphili in membranis instaurare conatus est». Elle concorde exactement avec celle de l'*Epist. 34 ad Marcellam*, citée par Schürer (voir note précédente).

et de *Gen.* 26, 19 à 27, 1, entre les *Questions* 195 et 196 du quatrième livre de l'édition d'Aucher, que contient l'édition de Bâle (= vieille version latine), mais dont on aura, en temps utile, à s'enquêter de l'authenticité.

Il faut aussi croire que le résultat de l'effort des deux bibliothécaires n'a pas été des plus réussis et que le traducteur arménien a dû avoir bien du mal dans sa rude besogne, à cause des corruptions portant sur l'ensemble des copies. Et si le travail du traducteur n'était pas rendu aisé par ces causes extrinsèques, il n'était pas non plus facilité par la complexité intrinsèque des textes à traduire.

C'est pourquoi je devrai tenir compte de toutes ces considérations en collationnant le témoin arménien avec la *Vorlage* de notre évêque, conscient de ce que celle d'Ambroise n'est pas une «traduction» au sens strict du terme, mais plutôt une ample paraphrase, cependant assez littérale dans l'ensemble, et qu'il a pu, lui aussi, se méprendre parfois.

Il n'est pas impossible en effet que des divergences éventuelles aient eu pour cause lointaine un de ces accidents involontaires et gratuits.

Toujours est-il que cette comparaison aux fins de notre enquête doit être nécessairement entreprise, car *Quaest.* est l'ouvrage de Philon qui est le plus exploité par Ambroise, avant même *Sacrif.*, pouvant se réclamer de trois commentaires ambrosiens, à savoir *Cain, Noe* et *Abrah.* II.

En procédant donc à cette collation, j'ai repéré plusieurs passages, notamment en *Noe,* qui semblent supposer une lecture autre que celle de l'arménien et qu'il va falloir maintenant juger cas par cas, en se contentant d'en illustrer quelques-uns seulement parmi les plus typiques.

Et, pour commencer, voici un exemple de ce que peut être une maladresse ou une bévue d'Ambroise face à un texte de Philon qu'il n'a guère assimilé et qu'il répète scrupuleusement comme du «par cœur», sans pourtant se préoccuper d'en respecter le sens et le fil conducteur. Il n'est pas rare qu'à partir exactement des mêmes mots, il arrive à formuler des concepts entièrement nouveaux, en provoquant quelquefois de vrais et fâcheux contresens [1].

---

[1] Voir supra, ch. II, pp. 28–29 et nn. y relatives. Pertinentes sont à ce propos les observations de Dom Tissot en ce qui concerne spécialement l'*Expositio in Lucam,* mais valables en ligne générale pour tout autre cas analogue et que je reprends entièrement à mon compte: «A quiconque consulte les références placées par les éditeurs de Vienne au long des trois premiers livres et de la finale du Xe, les emprunts aux sources que nous venons d'indiquer paraissent

En *Noe* 12, 39 (437, 13ss.), Ambroise se doit d'expliquer pourquoi Dieu a ordonné à Noé d'introduire dans l'arche, pour chaque espèce, sept couples d'animaux purs et deux couples seulement d'animaux impurs: «et, ut ego arbitror, inire mundam adserit ebdomadam, quia mundus et sacer septimus numerus; nulli enim miscetur nec ab alio generatur. ideoque uirgo dicitur, quia nihil ex se generat, meritoque tamquam meterni exsors inmunisque partus et muliebris copulae... secundus autem numerus non est plenus, quia diuisus. quod autem non est plenum uacuum habetur. septimus autem numerus plenus, quia ebdomas ut decas, et similis illius primi, quia alpha ad similitudinem est illius qui est semper, a quo profluunt et mouentur quae sunt in omni genere uirtutes.»

Voyons maintenant le texte parallèle de *Quaest.* II, 12: «Divinitus mundum asseruit septenum, binum vero immundum; quandoquidem ex natura mundus est septenus numerus, quippe qui virgo sit, incommixta, et matre carens; nec generat, neque generatur, sicut singuli eorum qui sub denario sunt, ob Entis similitudinem, quod increatum est, atque ingenitum et nihil ab illo generatur, licet ipse sit creationis generationisque causa; quia movet virtutes omnium, quae bene dispositae sint ad generationem factorum. Numerus autem binus non mundus: Primum quia vacuus est, non densus; quod autem non est plenum, neque mundum est etc.» [1].

---

considérables, voire continuels; et une confrontation avec les textes d'Origène ou d'Eusèbe permet de constater qu'il y a souvent identité. Qu'on y regarde cependant de plus près: on ne tardera pas à s'apercevoir que dans la plupart des cas il y a utilisation verbale, matérielle, plutôt que dépendance réelle de la pensée. Celle d'Ambroise demeure très personnelle, comme on pourra s'en rendre compte par plusieurs des notes au Prologue et au livre I. On a parfois l'impression que la lecture des modèles est avant tout, pour l'évêque de Milan, une éveilleuse d'idées: il écoute Origène, Eusèbe ou Hilaire, il enregistre et retient leurs expressions; mais pendant tout ce temps il a suivi sa propre pensée, et il arrive qu'avec les mêmes mots il construise un raisonnement assez différent, parfois même diamétralement opposé (*en note :* on a fait une remarque analogue au sujet des emprunts littéraires de Tertullien: J. H. Waszinck, *Tertullian's De Anima*, Amsterdam, 1947, p. 34 \*). Il est d'ailleurs permis de se demander si Ambroise, qui n'ignorait pas le grec, possédait cette langue au point de saisir parfaitement toutes les nuances, toutes les subtilités de la pensée orientale. Il semble, au reste, moins tributaire de cette pensée lorsqu'il traite de morale ou de vie spirituelle qu'en matière de dogme et d'exégèse» (*Traité sur l'Evangile de S. Luc*, vol. I, p. 17).

[1] Pour simplifier, je citerai toujours *Quaest.* arméniennes selon la traduction latine d'Aucher. Il va de soi que pour la question délicate des variantes tex-

On peut admirer l'habileté avec laquelle Ambroise transpose et retravaille, en la renouvelant [1], sa source; mais on s'aperçoit aussitôt que la lecture du modèle est cursive et rapide et que cela ne manque pas de transparaître dans sa rédaction. On constate en effet ce qui suit. *Tamquam materni exsors inmunisque partus* fait certainement pendant à *matre carens*. Marcus, qui traduit *unmothered*, restitue, à partir de l'arménien *anmayr*, le grec ἀμήτωρ [2]. La déviation d'Ambroise est suffisamment manifeste et ne nécessite pas de commentaire. Elle est évidemment le résultat d'un survol trop générique et synthétique. Une confusion pareille à celle-ci se répète en effet quelques lignes plus bas. *Septenus numerus... sicut singuli eorum qui sub denario sunt* [3] se contracte en *quia ebdomas ut decas*. Il a retenu machinalement les mots, tandis que l'idée première lui a, entre-temps, échappé.

Dans un cas comme celui-ci, il n'est donc pas nécessaire de faire appel à une variante textuelle, alors qu'une lecture hâtive et superficielle de la source exploitée peut suffire à expliquer le phénomène. Nous sommes par ailleurs assez bien renseignés sur la rapidité avec laquelle l'évêque actif qu'était saint Ambroise composait ses traités qui étaient pour la plupart des homélies réélaborées. Le temps ne lui permettait guère de s'appliquer à loisir, tel un Jérôme, à sa vocation d'écrivain. C'est pourquoi ses écrits manquent si souvent d'unité et de révision finale.

D'une disparité de leçon me semblerait par contre être question en *Noe* 13, 46 (444, 6ss.): «cui sententiae conuenire etiam illud uidetur, quia ait: «delebo» inquit «omnem resurrectionem carnis». resurrectioni autem communi usu naturae contraria uidetur esse purgatio, quia purgatione reciditur et reprimitur resurrectionis luxuria. omne tamen

---

tuelles, un contact direct avec l'arménien s'avère indispensable et irremplaçable. D'autre part, la traduction d'Aucher, ainsi que je l'ai déjà signalé plus haut, ne reproduit pas toujours textuellement l'original, malgré la déclaration du grand Méchitariste: «In nos autem Philonem ex Armenia redivivum, ut ita dicam, daturos, tanta incessit fidelitas, vel, si mavultis, religio, ut unum ejus Armenium Interpretem prae oculis semper habuerimus, ejusque sectati simus presserimusque vestigia» (*Paralip. Arm.*, loc. cit.). Aussi, par souci de précision, ferai-je en note, pour les points capitaux, référence constante à l'arménien. J'ai également consulté et bénéficié de la traduction anglaise de Marcus.

[1] Il serait parfois plus juste de dire «en l'embrouillant».
[2] *Philo*, Suppl. I, p. 85 et n. *h*. Cf. *Leg.* I, 15 (I 64, 21).
[3] (*ardarew makʿowr ē) eōtʿnereaktʿiwn... orpēs iwrakʿančiwrokʿ yaynçanē or i tasnekin en*, Aucher, p. 91.

quod purgatur speciem amittit, substantiam suam seruat atque meliorat.»

La source littéraire est visiblement *Quaest.* II, 15: «Huic concordat et sequens, quoniam illi *delebo*, adest istud, *suscitationem* (vel *surrectionem*) *naturalem*. Suscitatio autem est dissolutio oppositorum: dissolutum autem qualitatem quidem deserit, essentiam tamen materiamque retinet.»

On aura sans doute remarqué que la différence est fondamentale, soit que l'on dise que la dissolution est contraire à la croissance *(resurrectioni autem... contraria uidetur esse purgatio)* ou que l'on dise inversement que la croissance est la dissolution des contraires *(suscitatio autem est dissolutio oppositorum* [1]*)*. Les deux affirmations semblent même s'exclure réciproquement.

Il reste à savoir si l'on peut véritablement parler de variante textuelle ou s'il ne faut pas plutôt y voir une simple méprise de lecteur. Or, la leçon d'Ambroise me paraît nettement préférable, car elle s'accorde mieux avec le contexte donné. Quoique, en dernière analyse, on ne saurait rejeter celle de l'arménien comme radicalement fausse et impossible a priori. Mais je ne vois pas en elle de lien logique avec la suite: «dissolutum autem qualitatem quidem deserit, corpus tamen materiamque retinet». Philon a probablement entendu dire que la destruction est en soi contraire à la croissance, mais qu'elle la favorise néanmoins, parce que la croissance ne va pas sans une certaine désagrégation. C'est du moins ce qu'a voulu exprimer Ambroise par son latin.

Je n'hésiterai donc pas à parler ici de corruption du texte que suppose l'arménien. Et si, en l'admettant, on essaie une rétroversion, on aurait à peu près la transition d'un premier membre ἀναστάσει δὲ ἀντίπαλον καθαίρεσις (ce qui, en réalité, est confirmé par un court fragment extrait de Procope de Gaza, Wendland, *Fragmente Philos*, p. 54) à un deuxième ainsi conçu ἀνάστασις δὲ (τῶν) ἀντιπάλων καθαίρεσις [2]. Les changements effectués ne seraient pas si énormes et troublants, pour que cette contamination ne soit pas du fait rendue impossible.

---

[1] *isk yarowtʿiwn hakaṙakamartacn kʿaktowmn* (litt. resurrectio autem contrariorum dissolutio), ibid., p. 98.

[2] Marcus (p. 93, nn. *d* et *e*) suggère de rétablir *the dissolution of opposites* en κατάλυσις ἀντικειμένων et *growth* en ἀνάστημα, qui est d'ailleurs la leçon même des *LXX* (cf. *Gen.* 7, 4).

Il apparaît enfin qu'Ambroise aurait lu κάθαρσις au lieu de καθαίρεσις, ou

Avec *Noe* 20, 71 (465, 6ss.), nous nous trouvons résolument en face d'une véritable variante textuelle, portant cette fois-ci sur le lemme : «In primo et sescentesimo anno uitae Noe primo die mensis ⟨primi⟩ minutam aquam dicit a facie terrae, in secundo autem mense septima et uicesima die mensis siccatam terram esse commemorat.» C'est la citation de *Gen.* 8, 13–14.

Nous lisons en effet en *Quaest.* II, 45 et 47 : «Quare sexcentesimo primo anno vitae Noe, primo (die) mensis primi defuit aqua a terra?» (*Quaest.* 45). «Quare in septimo mense, septima et vigesima (die) siccata est terra?» (*Quaest.* 47).

Comme on l'aura constaté, *Noe* parle de *secundo... mense,* contrairement à l'arménien qui ne connaît que *septimo mense*[1]. Mais disons d'emblée que le raisonnement de *Quaest.* 45 et 47 suppose la lecture ἐν ἑβδόμῳ μηνί; sinon, on ne comprend plus des phrases comme celles-ci : «Viden' quod paulo anterius (*Quaest.* 45) primum dixerat mensem, nunc septimum profert? idem est enim septimus quoad tempus, ut dixi, naturâ tamen primus est, ut initium aequinoctii. Verum optime et eventus diluvii agitur septimo mense, septima et vigesima (die), et terminus cessantis diluvii post annum iterum eodem mense septimo, eademque die» (*Quaest.* 47; cf. *Quaest.* 17). Il y a une coïncidence temporelle voulue entre le commencement du déluge et sa fin. Et c'est sur ce détail chronologique que porte justement toute l'essence du raisonnement philonien. Il faut donc exclure immédiatement et catégoriquement toute corruption du texte grec ou toute retouche du traducteur arménien[2].

Précisons ensuite que la *LXX* commune porte ici ἐν δὲ τῷ μηνὶ τῷ δευτέρῳ[3]. Ce qui revient à dire que la *Vetus Latina,* qu'Ambroise est

---

alors, en traduisant καθαίρεσις, *purgatio,* c'est par méprise évidente qu'il aurait rattaché ce substantif au verbe καθαίρω et non, comme il aurait fallu, au verbe καθαιρέω, en interprétant en conséquence.

[1] *yeōt'nerordowm amsean,* Aucher, p. 125.

[2] La leçon biblique de Philon est sûrement authentique, car, outre que dans la traduction arménienne de ses *Quaest.,* on la retrouve dans un manuscrit oncial du British Museum (le *Curzon 66*) et, chose très curieuse, dans la Bible arménienne elle-même.

[3] «Gen. VIII. 14. Gr. ἐν δὲ τῷ δευτέρῳ μηνί. *in secundo autem mense.* ita etiam nonnulla exemplaria Arm. lect. ibi : meliores tamen nostri Codices ferunt, sicut hic habet Philo. Confer etiam notata ad num. XVII. etc.», Aucher, *Paralipomena,* p. 125, n. 2.

obligé de suivre dans ses citations, devait avoir normalement *in secundo autem mense.*

Ceci nous donne la clef du problème. Ambroise s'est heurté à une exégèse de Philon qui présupposait un autre texte biblique. Naturellement, il n'a pas osé y toucher, même si c'était au prix d'une petite correction qui serait peut-être passée inaperçue au plus grand nombre. On sent instinctivement le malaise du commentateur vis-à-vis d'un commentaire qui est en total désaccord avec son texte scripturaire de base, mais dont il veut profiter au maximum par je ne sais quel scrupule. Il évitera alors par tous les moyens de commettre une imprudence compromettante et surtout il éliminera ou remplacera systématiquement tout ce qui a rapport au chiffre sept. En conséquence, il dira : «quid sibi uult illa adiectio de aquae inminutione, cum supputata ratio superior annum conclusisse uideatur, qui annus a secundo mense incipit et in secundum mensem anni alterius usque progreditur, nisi forte...» (loc. cit.). N'est-il pas un indice de cet effort, le fait aussi d'avoir regroupé des *Questions* (45 et 47) originellement distinctes ?

Pourtant, avant, il n'avait pas craint de préférer Philon dans une situation strictement analogue. «Est etiam illa non perfunctoria consideratio», dit-il en *Noe* 14, 48 (445, 17ss.), «quod sescentesimo anno *Noe* ⟨mense septimo⟩ uicesima et septima mensis fit diluuium (*Gen.* 7, 11). septimum mensem uerni esse temporis non ambigitur...»

Nous en avons l'équivalent parfait en *Quaest.* II, 17 : «Cur, In sexcentesimo (anno) vitae Noe fit Diluvium, mense septimo, vigesimo septimo die mensis ?... fortassis his manifesto ostendere volet tempus verni aequinoctii.»

Chez Ambroise, *mense septimo* est une addition de l'éditeur, mais le développement ultérieur suppose sans conteste cette lecture. *Septimum mensem* (445, 19) et *idem autem et primus et septimus mensis dicitur* (446, 22–23), qui correspondent étroitement au philonien *(Vernum autem aequinoctium fit) mense septimo, qui et primus dicitur sub vario conceptu* (ibid.), n'autorisent aucune incertitude possible.

Pour ce qui est de Philon, j'ai déjà mis en relief le parallélisme rigoureux qui existe entre la date du début du déluge et celle de la retraite des eaux et qui ne permet pas de douter de l'originalité de la leçon *mense septimo* [1].

---

[1] *yeōt'nerord amseann,* ibid., p. 99. Exactement comme *Gen.* 8, 14. Cf. p. préc., n. 1.

Il est vrai qu'un manuscrit de *Noe*, le *Parisiacus 1728* (appelé aussi *Mazarineus*) du XVᵉ s., a *mense secundo*, bien que ce soit restitué de seconde main et absent de tous les autres, et que certains livres ont *secundum*, le *Duacensis 226* (XIIᵉ s.), le *Novariensis XLVIII* (XIIIᵉ s.) et le même *Parisiacus*, qui a cependant *septimum* de première main [1].

Il est vrai aussi que la *LXX* habituelle porte ici τοῦ δευτέρου μηνός [2] et que par conséquent la *Vetus Latina*, à laquelle Ambroise se tient constamment, devait en principe porter *mense secundo*.

Mais autant on imaginerait avec peine le passage de *septimum* à *secundum*, autant on expliquerait mal l'inverse. C'est précisément sous l'influence de la Bible latine que *mense secundo* a été ajouté après coup et *septimum* corrigé en *secundum* dans le *Parisiacus* et qu'il s'était déjà passé quelque chose du même genre dans les deux autres *codices* sans laisser de traces visibles. On devine facilement la perplexité des copistes à la constatation de la lacune dans la citation, d'une part, et de la variante *septimum*, d'autre part. Par contre, la répétition de *septimus mensis* (446, 23), trop éloignée de l'énoncé scripturaire, n'a pas été remarquée et se trouve ainsi attestée dans tous les manuscrits indistinctement.

Mais le problème va être de savoir pourquoi Ambroise, en l'occurrence, ne prend pas garde de n'être pas en opposition avec son texte biblique officiel et suit délibérément Philon. En fait, on note tout de même une certaine réticence d'Ambroise qui, pour se tirer d'affaire, contourne et élude le point névralgique de la citation. C'est par un tel escamotage que j'explique l'absence de la mention du mois que Schenkl prétend rétablir, mais à tort me semble-t-il, en se basant uniquement sur le développement ultérieur.

A moins qu'ici Ambroise, ce qui est en soi possible mais, à mes yeux, beaucoup moins vraisemblable, après avoir cité d'abord le verset biblique selon sa *Vieille Latine,* ait continué naïvement de suivre Philon sans y prêter attention, et la hâte avec laquelle il écrivait ses livres n'y serait pas totalement étrangère, avec comme conséquences

---

[1] «S. Ambros. de Noe et Arca. c. XIV. «Septimum (*ita Mss. Ambrosii predissequi auctoris nostri, quamquam in editis habeatur* Secundum)...», ibid., p. 99, n. 3.

[2] La *LXX* représentée par Philon n'est pas la seule à attester la variante *mense septimo*: «Sic etiam Arm. text. Genes. VII. 11. ubi tamen communis lectio Gr. fert, δευτέρου μηνός, *mense secundo*», ibid., n. 1.

inévitables les arrangements postérieurs du passage qui, en fait de logique interne, laissait à désirer et qu'on cherchait à uniformiser, afin de le rendre plus intelligible. Mais notons qu'à ce moment-là, *mense secundo* et non *mense septimo* aurait été la leçon originale de *Noe* [1].

Un cas typique de réelle variante me semble ensuite être offert par le texte 28, 106 (485, 20ss.) de *Noe*. Ambroise y donne l'interprétation suivante des noms de Cham et de Chanaan: «altior autem sensus nominum interpretatione signatur. Cham enim 'calor' est, Chanaan 'turbatio eorum'.» Si on la confronte maintenant avec celle que donne Philon en *Quaest.* II, 65, on sera frappé de voir leur totale divergence: «Ad mentem vero... Id patefaciunt et nominum declarationes; translatione enim facta in alteram [2] linguam, *Cham* est *calor*, vel *calidus; Chanaan* autem *mercatores* (sive emptores) vel *caussae* (sive accipientes)» [3].

Pour l'interprétation de Cham, il n'y a rien à objecter, sauf peut-être contre le sens supplémentaire et accessoire de *calidus*, qui pourrait bien être un idiotisme arménien [4]. Mais ce n'est pas chose grave, car on reste toujours dans la même racine hébraïque.

Au contraire, pour le nom de Chanaan, on sous-entend une toute autre racine verbale [5]. Une telle différence ne peut être considérée comme purement accidentelle, parce qu'elle est réitérée plus loin dans les termes mêmes [6].

---

[1] Ceci montre aussi l'intérêt qu'il y a à se servir de Philon pour la critique du texte ambrosien.

[2] «In *Armenam* dixit Interpr. Arm. ubi Philo indubie reposuerat in *Graecam*», Aucher, ibid., p. 151, n. 2.

[3] ... *kʿamn ē ǰermowtʿiwn, kam ǰerm. isk kʿanan aṙgnōłkʿ, kam aṙitʿkʿ (ibr aṙičkʿ)*, ibid.; cf. Marcus, op. cit., p. 151, n. *a*: «Arm. *aṙitʿ* = μεσίτης or πρόξενος, also ἀφορμή, ὑπόθεσις; Aucher renders «caussa.» What Greek word Philo used it is hard to say». Lui, il traduit en effet *mediator. aṙitʿ* (mediateur) n'exprimerait donc pas une version étymologique distincte, mais serait pratiquement synonyme de *aṙgnōł* (marchand), de même que *ǰerm* (*calidus*) l'est de *ǰermowtʿiwn* (*calor*).

[4] Voir à ce sujet p. 56, n. 5.

[5] Suivant trois étymologies possibles, Canaan peut être interprété «mouvement» (de נוע), «marchand» (de כנע, cf. כנעני ) et aussi «humble» (de כנע, כ + נע): voir *Abrah.* II, 3, 9 (571, 18–19), *Ioseph* 13, 79 (II, 119, 17) et *Epist.* 55, 5 ad Eusebium (PL XVI, 1169B); cf. Lagarde, *Onomastica*, 4, 14: «Chanaan σάλος (hoc est motus) eorum vel negotiator aut humilis» (ex *Onomast. Vatic.*).

[6] *Noe* 32, 121 (494, 16–17): «nam Cham 'calor', Chanaan 'conmotio' et 'inquietudo' et *Quaest.* II, 77: «explicatur enim Cham, calor, sive calidus, Chanaan autem mercatores, vel causae.»

On pourrait alors croire, à la lumière des pages précédentes surtout, qu'Ambroise tire son étymologie de quelque onomastique. Mais ce qui pourrait encore paraître légitimement fondé dans certains commentaires d'imitation philonienne douteuse serait presque inconcevable dans d'autres, dont *Noe*, en dépendance étroite de Philon. Dans l'interprétation donnée d'autres noms que l'on y rencontre, il semble pourtant redevable de la source-Philon.

Ambroise conserverait-il donc un grec différent de celui de l'arménien? Non seulement différent, mais, à mon sens, certainement aussi plus original. En effet Philon, «more solito», traite de Cham et Chanaan dans un lieu parallèle de *Sobr.* 44 (II 224, 10–11). Voilà ce qu'on y lit: ἑρμηνεύεται γὰρ θέρμη μὲν Χάμ, σάλος δὲ Χαναάν.

Il est vrai que différentes étymologies d'un même nom ne sont pas rares chez Philon. Mais, à la vérité, l'interprétation de l'arménien ne rend pas raison complètement, me semble-t-il, du rapport de cause à effet («Ad mentem vero, non dixit, Cham filium habuisse Chanaan, sed illi soli adiungit progeniem dicens; Cham erat pater Chanaan: quoniam talis consilii pater est. Id patefaciunt et nominum declarationes...»), rapport qui fait qu'elle est justement invoquée. Ce rapport est en revanche respecté et ressort très distinctement en Ambroise: «qui enim calet continuo mouetur et perturbatur, ideoque euidentissime declaratur non tam hominem patrem hominum fuisse, sed passionem malam improbae passionis generatricem, quae esset a patris moribus, hoc est ab usu uirtutis aliena» (485, 22–26) [1].

On aboutirait donc à la conclusion que le grec [2] de *Quaest.* a été sujet à des altérations à une époque indéterminée de la transmission. Toutefois, j'avance une hypothèse, en m'inspirant du travail de Barthélemy exposé supra. Une personne de l'entourage d'Origène et sous sa dépendance comme employé, donc de préférence un scribe, aurait pu, à une occasion donnée, par je ne sais quel souci d'exactitude, modifier une interprétation qu'il estimait fausse en faveur d'une autre prétendue meilleure. Effectivement, l'étymologie hébraïque qui se dissimule derrière l'arménien est beaucoup plus exacte et scientifique que l'autre [3].

---

[1] Voir *Noe*, l. c. (17–19).

[2] C'est le texte grec qui, sans aucun doute, a été retouché, car, en général, il n'y a pas lieu de douter de l'honnêteté scrupuleuse du traducteur arménien.

[3] Cf. A. Hanson, *Philo's etymologies*, pp. 132 et 134 (autre étymologie, plus obscure, en *Quaest.* IV, 72).

Encore plus explicite et digne d'attention me paraît le texte de
*Abrah.* II, 8, 52 (605, 10ss.) qui suit : «in ariete uero uerbi ac sermonis
nostri habetur similitudo, quod sit uehemens, sicut et sermo noster
efficax operationis et quaedam ornatus nostri et tegminis causa sit.
aries per usum uestium ordine quodam gregem ducens, sicut ordo
quidam uitae ususque nostri uerbo explicatur.» En *Quaest.* III, 3 se
trouve le parallèle arménien qui donne en latin (d'Aucher) : «Verbo (aut
rationi) vero cognatus aries est ; primum quia mas est ; secundo quia
operarius est ; et tertio, quia mundi et firmamenti est caussa : puta
aries per vestimentum, ratio (vel verbum) autem in ordine vitae» [1].

*Uehemens* se rapporte naturellement à *mas* (ἀνδρεῖος?), *efficax operationis* à *operarius* (ἐνεργός) et *ornatus,* malgré les apparences, à
*mundi* (κόσμος). Car le mot κόσμος peut avoir en soi cette double acception [2]. Mais, décidément, on ne voit pas comment *tegminis* pourrait
être le correspondant de *firmamenti,* choses aussi hétérogènes. L'énigme
pourtant se clarifie aussitôt que l'on essaie de faire une rétroversion.
Il semble en effet à peu près sûr que l'arménien a lu στερέωμα ce
qu'Ambroise lisait στρῶμα. Les éléments variables sont d'une entité
tellement dérisoire, que le glissement de l'un à l'autre est chose commune et, si je puis dire, d'ordinaire administration pour un copiste.

Reste à voir de quel côté ce glissement a pu se produire. Cela est
tout aussi facile à résoudre de par le contexte même. La suite des
textes arménien («puta, aries per vestimentum, ratio (vel verbum) autem
in ordine vitae») et ambrosien («aries per usum uestium ordine quodam
gregem ducens, sicut ordo quidam uitae ususque nostri uerbo explicatur» [3]), qui se veut glose de la comparaison, est formulée de façon à ne
laisser la moindre hésitation. Dans les deux, il est formellement question
du «vêtement». C'est sur cela que porte précisément la similitude allé-

---

[1] *Isk bani azgakiç ē xoyn. nax aṙaǰin zi arow ē, ew zi gorcawor ē. ew apa zi ašxarhi
ew hastatowt'ean patčaṙ. k'anzi xoy i jern handerji, isk bann i kargi kenaçs,* Aucher,
*Paralip.,* p. 174.
[2] Aux mots *eo modo quo mundum digessit* de *Quaest.* III, 5, une note d'Aucher
nous informe que «Id inferius seorsum apponitur. Sed hic aequivoca fuit lectio
Gr. κόσμος, quia aeque *mundus,* vel *ornamentum* poterat verti. Si ergo secundum praeeligas sensum, potest et Arm. sic exponi. «Hoc modo accomodavit,
tum ad ornamentum (naturae, vel mundi), tum ad facilis etc.», ibid., p. 177, n. 1.
[3] Le texte continue encore de la façon suivante : «arbitror autem quod illud
uerbum magis intellegere debeamus, quod est uerbum dei, cum quo aries iste
habere uideatur non mediocrem cognationem, quod uerbum nos uero tegmine
sui uestiuit uelleris...»

gorique entre le bélier et la parole (λόγος) qui doit s'entendre de la manière suivante : la parole (ou la raison) est assimilable au bélier, dans ce sens qu'en étant génératrice d'ordre elle se munit d'une sorte de toison. Autrement dit, de même que le bélier est, par le moyen de son vêtement, cause d'ornement et de couverture, ainsi le λόγος est par l'ordre dont il se revêt [1], cause également de κόσμος et de στρῶμα.

On notera, bien sûr, que la perspective d'Ambroise se déplace et se différencie sensiblement. Mais, nous le savons désormais, transferts de concepts et fausses interprétations sont très fréquents chez lui. C'est le vocabulaire, enregistré presque de manière machinale, qui importe bien plus que l'interprétation erronée qu'il peut en donner.

Quoi qu'on en dise, on ne voit pas du tout par quelle sorte d'extravagance le bélier serait la cause du monde et du firmament [2], même si Philon n'est pas à une hardiesse allégorique près. Il est clair alors que la lecture στερέωμα a influencé et commandé le choix de la traduction de κόσμος. Il y a donc toutes les raisons de penser à une corruption textuelle du grec supposé par le témoin arménien. Ambroise, qui nous conserve la forme primitive, se sépare une fois de plus d'un tel témoin.

Avec la même technique, on vient à bout d'une discordance aussi très plaisante entre *Abrah.* II, 9, 64 (619, 2–4) : «iniustorum autem nemo, quamuis ceruis uiuacibus diutiorniorem uitam uixerit...» et *Quaest.* III, 11 : «qualis nemo insipientium reperitur, etsi elephante longaeuior sit.» On découvre aisément pourquoi le cerf (ἔλαφος) d'Ambroise se métamorphose en éléphant (ἐλέφας) dans l'arménien. Tout s'éclaire à partir d'un retour à l'original. Quoique, en dernière analyse, on ne saurait dire exactement quel était cet original.

Pour finir, on lit en *Abrah.* II, 10, 68 (624, 6ss.) : «Aegyptus igitur flumen corporalia uidetur significare... Euphrates autem quae sunt animae, eo quod fons sit iustitia ceterarum uirtutum, quae uirtutes alias inluminet.» La *Question* III, 16 est ainsi construite : «Aegyptus igitur symbolum est corporalium externorumque bonorum, Euphrates autem spiritualium, quibus solis uera laetitia constat fontem habens sapientiam una cum cunctis uirtutibus.»

---

[1] «Quidquid enim non est inordinatum atque absurdum, illico rationem prae se fert», dit plus loin *Quaest.* III, 3.

[2] Ou, si nous voulons, «the cause of the world and its foundation (τοῦ κόσμου καὶ τῆς αὐτοῦ ἱδρύσεως)», ainsi que traduit et restitue Marcus, p. 183 et n. *l.*

Les deux textes s'harmonisent en gros, sauf que l'arménien porte *sapientiam* [1] (σωφροσύνη) là où Ambroise dit *iustitia* (δικαιοσύνη). Je conviens qu'à première vue il n'y a rien d'anormal à trouver à cela. Mais dès que l'on songe que pour Philon l'Euphrate (Εὐφράτης) évoque toujours la justice qui réjouit (εὐφραίνουσα) [2] et que la justice est précisément celle qui est mère et lien de toutes les autres vertus (*una cum cunctis virtutibus*) [3], on reconnaîtra que le soupçon n'est pas irréel ni absolument gratuit. Et qu'une telle contamination est possible, nul ne voudra le nier [4].

On ferait, à pousser plus loin la comparaison, certainement encore d'intéressantes découvertes [5]. Mais ces quelques échantillons suffisent

---

[1] (z)*imastowt'iwn*, Aucher, p. 188.

[2] Voir *Leg.* I, 72 (I 80, 6–7): καρποφορία καλεῖται ὁ Εὐφράτης, ἔστι δὲ συμβολικῶς ἀρετὴ τετάρτη, δικαιοσύνη, καρποφόρος τῷ ὄντι καὶ εὐφραίνουσα τὴν διάνοιαν et *Quaest.* I, 12: «iustitiae autem (signum) Euphrates, quoniam in nullo laetatur hominis cogitatio magis, quam in laetitia.» Le jeu de mots Εὐφράτης-εὐφραίνειν est typiquement philonien.

[3] Voir *Quaest.* I, 13: «nam prudentia est virtus partis rationalis, in qua malitia consistit; et fortitudo, irascibilis; et sobrietas, concupiscibilis. Ira autem et concupiscentia ferinae sunt. Tria itaque flumina per loca, quae circumeunt, denotavit; Euphratem vero ut symbolum iustitiae, minime: non enim certa sua pars data fuit animae, sed omnino possidetur harmonia quaedam trium animae partium, et totidem virtutum»; *Leg.* I, 72 (I 80, 7–9): πότε οὖν γίνεται (δικαιοσύνη); ὅταν τὰ τρία μέρη τῆς ψυχῆς συμφωνίαν ἔχῃ· συμφωνία δὲ αὐτοῖς ἐστιν ἡ τοῦ κρείττονος ἡγεμονία...; cf. Ambroise, *Abrah.* II, 10, 68 (624, 10ss.): «prudentia enim sine iustitia nocet, fortitudo quoque, nisi eam iustitia temperet, intolerabilis insolentia est furori quam rationi proprior, dominationi quam libertati, sobrietas et temperantia priuata bona sunt nec ulli usui, nisi iusta erga deum reuerentia et fideli mente pietatem colas: iustitia sola est, quae uirtutes omnes conplectitur et conmendat omnes»; *Par.* 3, 18 (277, 7ss.): «... ubi prudentia ibi et malitia, ubi fortitudo ibi iracundia, ubi temperantia ibi intemperantia plerumque est et alia uitia, ubi autem iustitia ibi concordia uirtutum est ceterarum... non enim pars est iustitia, sed quasi mater est omnium.»

[4] Voir *Sacrif.* 84 (I 237, 3–4): le papyrus omet vraisemblablement δικαιοσύνην, parce que le copiste avait rencontré σωφροσύνην deux mots auparavant (haplographie).

[5] Il serait même d'un très grand intérêt et d'une non moindre utilité d'établir une édition critique de *Quaest.* sur la base complète des manuscrits arméniens (le choix d'Aucher était très restreint) et des autres témoins partiels dont nous disposons (Ambroise en tête) et à l'aide aussi des nombreux fragments des «Chaînes» et des *Sacra Parallela*. Travail qui n'a pas encore été accompli jusqu'à présent. Mais voir à la page 121, n. 1.

déjà, pour prouver qu'Ambroise, qui échappe à des corruptions présentes dans la deuxième édition de Césarée d'où vient, on le sait, la version arménienne, ne peut appartenir à sa forme textuelle, mais qu'il représente une couche plus ancienne de la transmission textuelle de Philon. On était arrivé à cette même conclusion en argumentant qu'Ambroise connaît toute une partie de *Quaest.* (*Gen.* 12–15) non conservée par l'arménien [1].

Il est inutile de dire qu'un pareil contrôle nous ne pouvons l'exercer dans la première édition qui n'a pas transmis les livres de *Quaest.* Si j'exclus tout rapport direct de celle-ci avec Ambroise, c'est par un autre chemin. Je rappelle, comme argument primordial, la pureté de la forme textuelle et littéraire de *Sacrif.*, telle qu'Ambroise est censé représenter, par rapport à celle qui figure dans les deux éditions césaréennes et déjà dans un papyrus antérieur.

Mais rien n'empêche à l'avance de présumer que les cas de corruption que j'ai relevés dans la deuxième édition n'existaient pas déjà dans les papyri d'Origène.

Certes, on ne peut rien arguer de ce fait, parce que la détérioration de ces mêmes papyri au moment de la transcription d'Euzoios a pu causer beaucoup de dégâts et désordres de tout genre; et ces corruptions sont effectivement de nature à être justifiées par le mauvais état du manuscrit de la bibliothèque. Mais je dois dire à ce propos que la supposition de livres entiers écourtés pour cette unique raison ne me convainc pas entièrement. Dans la première édition, il y a aussi des traités ayant souffert d'amputations [2]. Mais voir ce que j'en dis dans la notice touchant le classement des œuvres de Philon.

Notons pour le moment que l'étude comparative d'Ambroise et de *Quaest.* arménien ne contredit pas finalement et même ne fait que consolider les données précédentes. Mais, quel que soit le degré de parenté d'Ambroise avec Césarée, il est à prendre acte d'une chose importante malgré tout: l'apport notable d'Ambroise au profit d'une critique textuelle de *Quaest.*

---

[1] Voir plus haut, p. 48.
[2] Se référer à la p. 10.

# VII.

## LA VIEILLE VERSION LATINE DE PHILON

Jusqu'à son édition de Bâle en 1527 [1], une traduction latine partielle de Philon était restée longtemps méconnue et comme égarée dans de très rares parchemins. Le livre, devenu presque introuvable, fut à son tour ignoré et oublié jusqu'au jour où Aucher y attira l'attention des savants [2]. Il commençait effectivement par ces mots: «Philonis Ju-

---

[1] Sous le titre *Philonis Iudaei Alexandrini Libri Antiquitatum. Quaestionum et solutionum in Genesin. De Essaeis. De Nominibus Hebraicis. De Mundo. Basileae per Adamum Petrum, Mense Augusto, Anno M. D. XXVII.* Trois réimpressions suivirent en 1538, 1550 et 1599. Une édition de quelques années antérieure (1520), mais nettement inférieure et plus réduite que celle de Bâle, était sortie à Paris, ayant pour titre: *Philonis Iudaei centum et duae quaestiones et totidem responsiones morales super Genesin.* Le livre contenait aussi un fragment de l'opuscule *De Vita contemplativa* joint à la *Question* 102 sans la moindre rupture.

Le *De Nominibus Hebraicis* de l'édition bâloise n'est autre que l'*Onomasticon* d'attribution philonienne et revu par Origène, dans la traduction de saint Jérôme (cf. praef., PL xxiii, 815–816). Le livre *De Mundo* est la version latine, œuvre de Budaeus, de l'opuscule artificiel Περὶ κόσμου.

Le *Liber Antiquitatum (biblicarum)* semble au premier regard sorti de la même main, mais il est faussement attribué à Philon. Il ne fait qu'un avec le *Chronicon ab Adamo ad Saulem* de la Bibliothèque Vaticane (*cod. Vat. 488*, aux folios duquel Pitra, cité plus bas, renvoie dans ses citations).

[2] L'édition était celle de 1538. «Feliciter contingit, quod unus doctissimorum intimorumque amicorum nostrorum Venetiis degens, is est admodum Reverendus D. Petrus Pasini, habuerit apud se libellum inepta forma et typis editum Basileae A. D. MDXXXVIII. casu repertum inter libellos tamquam nullius pretii, qui venales in via prostabant (quam inaniter forsitam quis perquireret in publicis Bibliothecis); ubi continebatur fragmentum aliquorum Philonis sermonum, initio ducto ab his verbis: «*Philonis Judaei Quaestionum et Solutionum in Genesin Liber*». inchoans videlicet a praesenti numero CLIV. Libri quarti, usque ad n. CCXLV. inclusive. (praeter undecim numeros in Lat. redundantes.)...», *Paralipom.*, p. 362, n. 1.

daei Quaestiones et Solutiones in Genesim liber», et renfermait 102 chapitres du IVᵉ livre actuel de *Quaest.*, correspondants aux numéros 155–245 de l'arménien qui en comptait par voie de conséquence 11 de moins.

Le traducteur est anonyme. Mais les versions de *Quaest.* et du *De Essaeis* (= *De Vita contemplativa*) proviennent assurément du même auteur [1].

Et il n'est pas, d'autre part, difficile d'établir que cette version comprenait d'autres traités philoniens. C'est une note explicative du traducteur à la *Question* (latine) 9* [2] qui nous le dit: «Iam peruide quanta est unitas in Mathematico tractatu, et hic in prioribus translatis libris ex aperto dicente Philone.» Elle était donc plus étendue [3], mais, parmi les «livres traduits», auxquels l'interprète renvoie explicitement le lecteur, y avait-il aussi le Περὶ ἀριθμῶν *(in Mathematico Tractatu)*, maintenant perdu, c'est ce qui ne transparaît pas de la glose en question [4].

Il ressort aussi avec évidence que ces traductions sont faites directement d'après le texte original grec. Des latinisations pures et simples de mots grecs et certaines constructions grammaticales, qui rappellent

---

[1] Voir Conybeare, *Philo about the Contemplative Life*, pp. 143–144. L'unité du traducteur pour *Antiquitates*, admise par Pitra (*Analecta Sacra*, p. 319) et par Cohn (*An Apocryphal Work*, pp. 331–332) est contestée par Kisch (Pseudo-Philo's..., p. 19); suivi de Petit (*L'ancienne version latine...*, vol. I, pp. 7–8). Et cela, eu égard aux différences spécifiques de vocabulaire, ou plutôt à l'absence de points communs en ce qui est des «notabilia» de *Quaest.* et *Vita contemplativa* (cf. p. sq., n. 4) par rapport aux *Antiquités* (cf. James, *The Biblical Antiquities of Philo*, Appendix II, pp. 269–274), pour lesquelles, si l'on ne peut accepter l'identité de traducteur acquise pour les deux premiers, on doit par contre revendiquer celle relative à la période (cf. Kisch, ibid.) et, à mon avis, aussi à la localisation.

[2] C'est-à-dire la neuvième de celles (11) qui sont exclusives à la *version latine* entre les n.os 195 et 196 de l'*Arménien* (Petit, vol. I, p. 71).

[3] Que cette version soit lacuneuse dans son ensemble, on peut facilement le déduire de par le fait que, dans le *De Vita contemplativa*, le traducteur n'a pu s'arrêter soudainement au milieu d'une phrase (voir Petit, op. cit., p. 7).

[4] Wendland est plus catégorique à ce sujet: «Die lateinische Übersetzung allein hat hier 11, durch fremdartige Zusätze freilich stark interpolirte Quaestiones bewahrt... § 2 *(sic)* ist ein Zusatz des Übersetzers aus dem verlorenen Buche Περὶ ἀριθμῶν (in mathematico tractatu) in den Text geraten», *Neu entdeckte...*, p. 85, Anm. 2.

Même en donnant pour admis que les gloses étaient déjà du ressort de l'exemplaire grec du traducteur (cf. Petit, ibid., p. 12), l'expression «in his prioribus translatis libris» ne peut être incontestablement qu'une interpolation de celui-ci.

de près la syntaxe grecque, dissipent, s'il en était, tout sujet de doute [1].

Ces inélégantes particularités idiomatiques grecques ne sont et de loin pas les seules fautes et imperfections de la traduction. Le latin lui-même est, presque en permanence, d'une impropriété choquante et à peine recevable, à cause des termes lexicaux fortement incorrects et des négligences graves qui farcissent le texte [2]. On y trouve en effet des vocables stupéfiants et inacceptables (pour la plupart des «hapax legomena» et des néologismes) de l'espèce de *affectabili* (*Quaest.* 2/155) [3], *dissocietatem* (*Quaest.* 9/162), *captator* au sens de «qui intelligit» (*Quaest.* 10/163), *impoenitibilis* (*Quaest.* 13/166), *fluxidolis* (*Quaest.* 15/168, 18/171 et 72/214), *iuracula* (*Quaest.* 27/180), *iocositas* (*Quaest.* 35/188), *imitaculo* (ibid.), *fossatim* (*Quaest.* 41/194), *obolita* (ibid.), *quadralitatem* (*Quaest.* 44/2), *dimidialitatem* (ibid.), *impravisse* (ibid.), etc. [4].

Mais il ne faudrait pourtant pas croire que de telles grossièreté et barbarie de terminologie soient le fruit d'une époque très tardive et en pleine décadence linguistique et littéraire. Bien au contraire. Une certaine élégance de la forme n'est pas non plus absente de l'écrit, bien que cela constitue l'exception. Le traducteur inconnu sait aussi, quand il le veut, écrire correctement, voire même avec luxe et bon goût. [5]

---

[1] Bien que les exemples suivants, reproduits de Pitra, soient tous fournis par le *Liber Antiquitatum* (cf. p. préc., n. 1). «Dubio procul... fons graecus est... Graeca vero sub aspera latinitate latere, passim significatur: *Conclusa metra* f. 99, 109, *holocaustomata* f. 102, *oromata* f. 99, *de epomide* f. 90, *totum habitabile* (πᾶσα οἰκουμένη) f. 90; neque deest syntaxis graeca: *quiescit lumen* (παύει φῶς), *motum est quater fundamenta* f. 94. Quid vero monstrum f. 88: *Ometocean passa sunt*, nisi ὠμοτοκίαν πεπόνθασι? Sed quid isthoc f. 126: *Quomodo de resolutatione in chaomato nata est vestra creatura?... Heus tu!* sed vide an Graiorum ora rotunda ferant etiam barbara quae sequuntur», Pitra, *Analecta sacra*, p. 319, n. 1. «Si enim Anonymus ille in antiquis saeculis Graecum textum immediate in Latinum vertens, tam obscuro stylo processerit...», Aucher, loc. cit.; voir également James, *Appendix II*, pp. 269–271.
[2] Pitra (op. cit.) parle ouvertement de «rudi sermone» (p. 295), qu'il oppose à la «Mediolanensis ambrosiana... elegantia» et à l'«haicano... auro», d'«aspera latinitate» (ibid.), «latino rudi panno» (ibid.), «immanissima quorumdam vocabulorum insolentia» (p. 319), etc.
[3] Les numérotations sont respectivement celle du latin et celle de l'arménien.
[4] Voir la liste des barbarismes les plus grossiers, outre quelques exemples des «typothetarum portenta in editione Basileensi», en Pitra, *Analecta*, pp. 320–321 et n. 2 (voir aussi Conybeare, *Philo*, pp. 143–144, ainsi que Petit, *L'ancienne*, I, pp. 8–9, qui s'étend encore sur d'autres usages syntaxiques impropres qui abondent dans l'*ancienne version*).
[5] Pitra (l. c.) renvoie très pertinemment aux «quaestiones V, XLV, XLVII, XLVIII, LXXV, LXXX, LXXXI, LXXXII, LXXXIII, LXXXIV, LXXXVII

Les expressions vicieuses qu'on peut censurer deviennent alors plutôt affectées et recherchées que subies ou acceptées, et par là le signe d'une haute antiquité. Car, si, d'une part, elles sont le critère le plus sûr pour déceler et circonscrire la présence de l'ancien traducteur, elles sont, d'autre part, autant de raisons qui font de cette version un document assez ancien [1].

Ceux qui, les premiers, ont étudié et approfondi la question, Pitra [2] et Conybeare [3], étaient unanimes pour désigner comme date approximative le IVe siècle, mais, en tout cas, ils proposaient comme «ter-

---

(apud Armenos p. 366, 396, 397, 418, 422, 423).» Aussi dans le court extrait qu'il donne (p. 321) du *Pseudo-Philonis Chronicon*, à savoir le *threnus Seilae filiae Jephte* (cf. Kisch, *Pseudo-Philo's*, pp. 221–222: *Antiqu.* XL 5–7: «Planctus Selle filie Iepte»), d'une beauté tout à fait remarquable malgré les quelques défauts caractéristiques, son commentaire «quamtumvis lutosum sit chronicon, spirat quaedam philoniana venustas» est tout à fait fondé. Et ceci mérite d'être souligné d'autant mieux que le traducteur du *Liber Antiquitatum*, s'il a des moments heureux qui ne laissent pas de nous surprendre (tel le morceau choisi par Pitra), est encore plus malhabile et médiocre que son confrère de *Quaest*, et *Vita contemplativa*.

[1] Cette dernière observation est de Pitra: «Haud erit ἀπὸ σκοποῦ, duo paucis revocare de prisco illo Philonis interprete; unum, quod idem transtulit e graeco tum quaestiones in Genesim, tum librum de Therapeutis, tum pseudo-chronicon a Genesi ad Saulem, et fortasse alia quae exciderunt. Alterum est, hunc scriptorem inter antiquissimos merito referri.

Utrumque eodem fere argumento efficitur, ex singulari videlicet scribendi genere, quod in triplici opusculo ita sibi cohaeret, vel in immanissima quorumdam vocabulorum insolentia, ut omnino oporteat, cuncta ex uno et eodem calamo cecidisse. Neque ego te suasum velim, ex aevi barbarie ea profluxisse, quae nihil nisi incomptum et horridum gignere potuerit. Idem enim noster ruditatem potius affectat et persequitur, quam eam patitur et ab aevo suo recipit... Tum etiam, vel in hoc cantico *(le thrène)*, sed locupletius in quibuscumque caeteris paginis, horret affectata barbaries, quae famina veterum Cethegorum adeo erudite et insperate renovat, ut scriptor, qualiscumque fuerit, peritis videatur magis ab aenea et ferrea Latii aetate quam ab aurea recedere», ibid., pp. 319–320.

[2] «... extitisse nimirum, fortasse ante Ambrosium, Philonis veterem latinum interpretem, qui ejusdem plures libros tenuit, vertitque rudi sermone...», ibid., p. 298.

[3] Voir *Philo about the contemplative life*, pp. 144–145 («The net result of our discussion then is this, that this Old Latin Version was made between 300 and 400 A. D.», p. 145).

minus ad quem» l'an 400, tout en laissant en suspens le «terminus a quo».

Pitra a même avancé une suggestion qui m'a paru d'abord extrêmement captivante. La présente traduction serait de celles qui, depuis saint Irénée, ont été exécutées avec un zèle infatigable, afin de transmettre à la latinité le plus de trésors possibles de la littérature grecque. Et, ce qui est plus extraordinaire, il existerait une forte parenté de cette traduction avec, entre autre, la très ancienne version latine d'Irénée et la langue de Tertullien [1].

Seulement cette opinion trop audacieuse n'est plus soutenable objectivement et la thèse plus modérée de Conybeare, selon laquelle cette version devrait avoisiner la fin du IVe s. [2] et être localisable au mieux en Italie [3], est confirmée et renforcée par l'étude pénétrante de Petit, la dernière en date [4].

Je ne cacherai pas cependant avoir été initialement séduit par les perspectives ouvertes par Pitra.

J'ai même amorcé des sondages dans ce sens et j'ai trouvé en effet qu'elle présente une étonnante similitude de vocabulaire avec Tertul-

---

[1] «Quo vero rudior liber est, scatetque vocabulis insolentioribus, eo vetustior interpres mihi est: ac nisi rupto identidem Philonis sermone, scolia inserta essent, in quibus fit respectus ad Apollinarem (quod fortasse fuit ab alio recentiore interpolatum), parum abesset, quin hinc viderem unum ex illis interpretibus, magis graecis quam latinis, qui statim ab Irenaei aevo et inde ad Eucherium et Cassiodorum, nec sudori, nec fastidio pepercerunt, ut thesauros Helladis qualicumque cum latinitate communicarent. Multa enim noster habet quae ad Irenaei librarium graeco-celticum, ad Melitonis interpretem, ad Commodiani et Tertulliani dialectum et indolem pertinent. Id libenter persequor, cum rarissimis liber Basileae editus, typorum aut codicum incredibili barbarie foedatus, reperiatur in duobus Vaticanis exemplaribus...», Pitra, op. cit. p. 298.

[2] La preuve la plus directe et parlante me semble résulter de l'interpolation du glossateur visant les Apollinaristes à la *question* 215 (73 pour les *latines*), à la seule condition toutefois que ce glossateur soit bien le traducteur lui-même. La traduction ne pourrait donc être antérieure à 374–379, où l'on situe d'ordinaire la crise apollinariste (voir Conybeare, *Philo about...*, loc. cit.; cf. Petit, *L'ancienne...*, I, p. 12 et 85).

[3] *L'ancienne version latine*, où l'on peut trouver un «status quaestionis» très nuancé, de même que quelques indices supplémentaires à l'appui de cette thèse, aux pages 8–13.

[4] Conybeare est bien le premier à observer que le grec καὶ τὴν Ἑλλάδα καὶ τὴν βάρβαρον de *Vita contemplativa* § 21 (Cohn VI, 51, 14) est rendu en latin par *non Graeciam totumque Romanum solum, sed etiam barbariae partes*, en y voyant un argument implicite pour la localisation de notre version (*Philo about...*, ibid.; cf. Petit, ibid., p. 9).

lien et les écrivains africains du III^e siècle, ainsi que des caractéristiques de langage et de style communes avec l'interprétation latine d'Irénée [1].

Certaines des formes rares rapportées par Pitra et les autres sont déjà attestées ou ne se retrouvent guère que dans ces vieux auteurs d'Afrique. Ainsi, par exemple, *incolare* (*Quaest.* 34/187) est déjà usité par Tertullien en divers endroits, *nascibilis* (*Quaest.* 35/188 et 37/190) est également employé par Tertullien, *auspicabilis* (*Quaest.* 42/195) se retrouve en Arnobe l'Ancien, *inseparabiliter* (*Quaest.* 58/200) apparaît pour la première fois en Cyprien suivi de Lactance, *paratura* en tant que substantif (*Quaest.* 96/239) de nouveau plusieurs fois en Tertullien, *ducationes* (*Antiqu.* V, 4) se trouve attesté deux autres fois seulement à ma connaissance et précisément en Tertullien et Irénée, *inmensurabilis* (*Antiqu.* IX, 3) revient une fois en Irénée, etc.

Dans cette même orientation, il faut ensuite souligner des ressemblances intéressantes avec l'*Itala* qui a en effet, en dépit de son nom, toutes les chances d'être née en Afrique: cf. ex. gr. *incolare* (*Quaest.* cit. et *Gen.* 26, 6), *foetosus* (*Quaest.* 67/209 et *I Rois* 2, 5; aussi en Arnobe) et *intenebricare* (*Antiqu.* XXXII, 10: cf. XVIII, 10, coni. James, et *Joël* 3, 15; et *Luc* 23, 45).

On voit bien d'après ces rencontres typiques qu'il y a une unité spatiale et temporelle qui ne peut être totalement fortuite. Dès lors, n'est-il pas permis de se demander si la traduction latine de Philon ne serait pas elle-même africaine, si elle ne serait pas l'œuvre d'un traducteur de même milieu [2], sinon de même époque que l'Irénée latin [3].

---

[1] Quant à cette interprétation d'Irénée, on admet généralement qu'elle fut exécutée très tôt en Afrique du nord. Il semble effectivement qu'elle soit fort ancienne, peut-être même contemporaine d'Irénée (200), très certainement antérieure à Cyprien (250) car il la connaît et l'utilise (voir Koch, *I rapporti di Cipriano con Ireneo...*, pp. 137–163; idem, *Ancora Cipriano...*, pp. 523–537). On peut dire, en résumé, qu'il y a de fortes chances qu'elle ait paru en Afrique au III^e siècle.

[2] Conybeare et Cohn parlaient aussi de latin africain. Cela indiquerait-il implicitement que Philon provienne directement d'Alexandrie? Quoi de plus normal, si c'était le cas, que l'œuvre philonienne soit passée de l'Afrique grecque à l'Afrique latine? Mais cf. ci-dessous, p. 119, n. 2.

[3] La version d'Irénée néanmoins, tout en ayant des déficiences incontestables, est d'une littéralité et fidélité matérielles rares et calque fortement le grec, à la différence de la version de Philon. Les recherches stylistiques amorcées ici auraient évidemment tout intérêt à être poursuivies, notamment en ce qui

Quoi qu'on en pense, j'aurais nettement tendance à être assez affirmatif quant au fait qu'Augustin ait connu et utilisé cette version latine de Philon. L'évêque d'Hippone ne savait pratiquement pas le grec [1]. Or, dans le *Contra Faustum* [2], il y a toute une réfutation concernant l'interprétation de l'arche noachique qui remonte à Philon [3]. La connaissance et la description jusque dans les moindres détails du passage cité de *Quaest.* supposent un contact direct avec le texte.

Courcelle [4], qui ne croit pas qu'Augustin ait lu Philon dans le texte, résout tout simplement le problème en disant qu'«il (Augustin) sait que certains écrits de saint Ambroise dépendent de lui, au point que lorsque quelque chose chez Ambroise lui paraît répréhensible, il le cite sous le nom de Philon». Mais comment le sait-il, si Ambroise ne fait jamais mention expresse de Philon [5]? Quand Courcelle affirme qu'«il est peu vraisemblable que sa référence à Philon, *Quaest. in Gen.* II, 6, soit une référence directe, car nous ne connaissons aucune traduction latine ancienne de cette œuvre», j'ose à peine croire qu'il n'ait pas songé à notre vieille *version latine* qui, aussi restreinte qu'elle ait pu être, comprenait au complet, il est présumable, *Quaest.* I à IV [6].

---

concerne cette étonnante parenté entre les recensions latines de Philon et d'Irénée. Celles-ci pourraient-elles s'éclairer l'une l'autre quant à leur localisation, sinon quant à leur paternité et leur date?

[1] Voir Marrou, *Saint Augustin*, pp. 27–46.

[2] XII, 39: «... uidit hoc Philo quidam, uir liberaliter eruditissimus unus illorum, cuius eloquium Graeci Platoni aequare non dubitant, et conatus est aliqua interpretari... ut enim quiddam eiusdem Philonis commemorem, arcam diluuii secundum rationem humani corporis fabricatam uolens intelligi tamquam membratim omnia pertractabat... at ubi uentum est ad ostium, quod in arcae latere factum est, omnis humani ingenii coniectura defecit. ut tamen aliquid diceret, inferiores corporis partes, qua urina et fimus egeruntur, illo ostio significari ausus est credere, ausus et dicere, ausus et scribere» (CSEL XXV, P. 1, 365, 24–366, 16).

[3] Voir *Quaest.* II, 1–7.

[4] *Les lettres grecques en Occident*, p. 184 et n. 3. Voir idem, *Saint Augustin a-t-il lu Philon d'Alexandrie?* (utilisation de *Quaest.* à travers *Noe*).

[5] Voici le simple texte de *Noe* 8, 24 (428, 9ss.): «Pulchre autem addidit: ostium ex transuerso facies, eam partem déclarans corporis, per quam superflua ciborum egerere consueuimus...» Il n'est pas nécessaire du reste de souligner qu'Ambroise ne s'attaque pas à cette idée originale de Philon combattue par Augustin.

[6] Je pense même qu'il n'est pas impossible que la glose «in his prioribus translatis libris» (cf. ci-dessus, p. 107) ne soit en fait qu'un renvoi aux précédents livres *de Quaest.*

Rien donc n'empêche, même à supposer qu'elle soit post-ambrosienne et non point exécutée en Afrique, qu'Augustin l'ait lue et ait par conséquent connu Philon dans le texte [1]. Son *Contra Faustum* qui est de 392 fournirait donc aussi le «terminus ad quem» qu'on ne saurait outrepasser à aucun prix.

Mais, s'il se peut que cette traduction soit antérieure à la mort d'Ambroise, lui-même l'aurait-il connue? Il est exclu dans tous les cas qu'Ambroise n'ait lu Philon qu'en traduction, car son utilisation suppose un contact direct avec le grec [2].

Cependant, il serait faux de n'être pas sensible à des formules qui sentent le style familier à Ambroise, telles que: «Intellectus vero subtilis hoc sapit» (*Quaest.* 5/158), ou: «Altiori sane intellectu» (*Quaest.* 19/172); formules qu'Aucher déjà surprenait très opportunément et proposait à la considération des historiens [3]. Mais lui-même concluait trop vite, en y percevant sans autre l'influence d'Ambroise sur le traducteur anonyme. Pitra est aussi frappé par l'identité d'expressions. Cependant, il se montre plus prudent et ne veut pas trancher [4]. Disons, pour être bref, qu'on n'a de preuves absolues ni pour ni contre une réelle dépendance (de part ou d'autre) ou, au contraire, de simples coïncidences occasionnelles et fortuites. Si encore il s'agissait de *Questions* strictement parallèles, le contact se révélerait du coup sérieux et inquiétant. Même dans ce cas-là, on aurait finalement autant de preuves en faveur de l'un qu'en faveur de l'autre. Rien n'empêche en

---

[1] Voir à ce sujet Altaner, *Kleine patristische Schriften,* conclusion aux pp. 191–193: celui-ci se prononce catégoriquement en faveur d'une dépendance directe d'Augustin par rapport à Philon sans passer par Ambroise.

Altaner (ibid., pp. 187–191) met également au compte de cette filiation directe de *Quaest.* de Philon (et donc de celles en traduction latine) deux autres passages: le premier tiré du *De Civitate Dei* XV, 26 (CSEL XL, P. 2, 116, 16ss.) et le deuxième, du *Contra Faustum* XII, 14 (CSEL XXV, P. 1, 343, 15ss.).

[2] Voir plus haut ch. II, p. 29 et n. 3.

[3] «Lat. Interpr. a. S. Ambrosio mutuatur illum loquendi modum, *Intellectus vero subtilis hoc sapit*», op. cit., p. 366, n. 1. «Lat. anonym. *Altiori sane intellectu:* modus loquendi iterum mutuo acceptus a S. Ambrosio», ibid., p. 377, n. 3. Petit (I, pp. 12–13) ajoute «un autre point de rencontre entre la langue de notre traducteur et Ambroise», qui est l'emploi, non attesté ailleurs, de *primitiae* au sens de «droit d'aînesse» (voir encore le commentaire de Petit ad 168.11, vol. II, p. 31).

[4] «Identidem sua luxuriatur elegantia, quae purum putum referat Ambrosium, ac pene incertum sit utrum ipse api Mediolanensi praevolaverit, aut ab ejus melle raras ebiberit venustates», pp. 319–320.

effet a priori qu'Ambroise tînt à côté de son Philon grec la traduction latine pouvant servir à lui faciliter la tâche [1].

Malheureusement, cette version n'est pas si fidèle et littérale qu'on aurait pu le prétendre [2]. L'auteur, quel qu'en soit le mobile, traduit très librement et remanie profondément son Philon. On s'en apercevra sans trop de peine, en collationnant la *Question* qui est la première dans le recueil latin avec celle de l'arménien (IV, 154) qui lui correspond:

*(Armen.).* Quare quadraginta annorum erat Isaac, quando duxit uxorem Rebeccam?

Nuptiae ac matrimonium opportunum sapienti quadragintennis est aetas; quoniam expedit iam instrui atque satis frui sicut pueris, disciplinarum rectis ideis, ita ut nihil aliud aspiciatur, vel circa alia circumferatur, quae non sunt amore digna; sed in huius considerationibus ac choro fruatur nimis, et magis laetetur. Necesse habet etiam, ut delectionis amorisque uxoris fructum capiat, et puerorum educandorum legem perficiat. Quoniam viventium procreatio quadraginta dierum spatio conficitur; quibus completis, aiunt medici creari semen immissum in uterum, maxime quum mas comperiatur perficiendus. Quoniam eo tempore non propter irrationalem voluptatem sponte faciet congressum cum uxore, sed seminis gratia genuinae prolis, decens ac opportunum fuit totidem annorum nuptias agere, quot diebus foetus in utero vivificari soleret. (Aucher, pp. 562-3)

*(Latin.).* Quare quadraginta annorum erat Isaac, cum nubsisset Rebeccam?

Nuptiae maturae sapienti quadragenariae sunt. Bonum est enim prius exerceri et concrescere eruditionum directis spectaculis, nullo altero desiderio occupatum. Ut enim amicum est amatori prudentiarum sua fruniscere merita, eundem modum etiam nuptiarum carpitur affectus, imitabili aetatis testimonio, ut confirmetur etiam lex liberorum. Quadragenaria est secundum quam, etiam medici asserunt, tot diebus reconditum semen in uulua figuratur, in masculinum praesertim. Hactenus non pro libidine prona, sed pro filiorum sincera progenie cultum dignum facientes huius aetatis nuptias celebrant. (Petit I, p. 49)

---

[1] Mais l'hypothèse d'une utilisation parallèle et auxiliaire de la version latine par Ambroise ne ferait-elle pas aussi reculer sa datation? Puisqu'elle serait en effet postérieure à 380 et qu'Ambroise a écrit son *Noe* aux alentours de 383–384, la marge de temps serait-elle ainsi suffisante?

D'autre part, en allant même jusqu'à admettre une rencontre textuelle spécifique entre Ambroise et notre traducteur, du fait que l'un tient compte de l'autre (mais qui tient compte de l'autre?), il me paraît bien étrange que cela se manifeste à deux ou trois reprises seulement. J'avoue tout mon scepticisme à cet égard.

[2] Voir Petit, *L'ancienne*, I, p. 13 («caractère et degré de fidélité»). L'auteur dit bien qu'on ne peut même pas parler de «technique de traduction, car ce

Outre le fait que la *Question* latine est sensiblement plus courte que l'arménienne, la différence entre les deux est trop palpable pour qu'il y ait besoin de démonstration. On dirait presque que les deux traductions ne dérivent pas d'un même original.

L'arménien est, pour sa part, fidèlement calqué sur le grec et nous n'avons pas à nous lamenter d'un manque de soins de sa part, comme on peut le prouver par les quelques fragments grecs qui, par bonheur, nous ont été conservés dans des «chaînes» bibliques; mais aussi par l'utilisation textuelle qu'Ambroise a faite de *Quaest.* de Philon.

La chose apparaîtra encore plus clairement, en mettant en parallèle un des rares passages du quatrième livre de *Quaest.*, qui subsiste en grec dans trois «chaînes»[1] avec les versions respectives arménienne et latine. Il s'agit de la *Question 202* (60 selon le latin) concernant *Gen. 27, 12.13:*

*(Graec.).* Ἄξιον καὶ τὴν μητέρα τῆς εὐνοίας θαυμάσαι, τὰς κατάρας ὁμολογοῦσαν εἰσδέξασθαι τὰς ὑπὲρ ἐκείνου. Καὶ τὸν υἱὸν τῆς εἰς ἀμφοτέρους (τοὺς γονεῖς) τιμῆς. Ἀνθέλκεται γὰρ ὑπὸ τῆς πρὸς ἑκάτερον εὐσεβείας. τὸν μὲν γὰρ πατέρα ἐδεδίει, μὴ δόξῃ φεναϰίζειν, καὶ ὑφαρπάζειν ἑτέρου γέρας, τὴν δὲ μητέρα, μὴ καὶ ταύτης νομισθῇ παραϰούειν λιπαρῶς ἐγκειμένης· ὅθεν ἄγαν εὐλαβῶς καὶ ὁσίως φησὶν οὐχ «ὁ πατήρ με καταράσεται» ἀλλ' «ἐγὼ τὰς κατάρας ἐπ' ἐμαυτὸν ἄξω». (Marcus II, p. 230)

*(Arm.).* Aequum est et matrem mirari propter benevolentiae curam, quum promiserit in se acceptare maledictionem ei pertinentem; et filium propter ad utrorumque genitorum reverentiam: quoniam huc illuc trahebatur, ne putaretur tamquam illudere patri, et aliena desiderare; neque matrem negligere, ac verba ejus nihili facere videretur, cui (vel, quae) supplex sese commendabat. Quare dicit nimis timorate, et condigne: non pater me conviciabitur, sed ego maledictionem super me inducam... (Aucher, p. 405).

*(Lat.).* Dignum est et maternum laudare fauorem, confitentem excipere maledictum pro eo ⟨et⟩ filium qui utrisque tuetur parentibus pro honore. Agitur enim gemina pietate, ne uideatur fallere patrem usurpando priuilegium alterius, neue matris minus inueniatur obtemperasse. Adeo uerecunda pietate respondit non quod ⟨ille⟩ maledictum [aliquod] prolaturus est, sed: ego, ait, nequando super ⟨me⟩ ducam maledictum... (Petit, I, p. 77)

qui la caractérise, c'est précisément l'absence de toute méthode». «Si quis vero hunc interpretem, et in primis Ambrosium, contulerit diligenter cum genuino Philone, sole illi clarius erit, Latinos nostros haud sine prudentissima cautela ad Philonem accessisse, nec dubitasse multa resecare, emendare, confutare. Utinam eadem prudentia usi fuerint Alexandrini, ne praecipites ruerent in errorum proluviem, quae per tria saecula tanto cum tumulto totum Orientem perturbavit» Pitra, ibid., p. 299. Mais pour notre critique textuelle, nous aurions souhaité bien le contraire!

[1] Voir Harris, *Fragments of Philo*, p. 44 (parallèle moins complet chez Procope, Wendland, p. 87).

Mêmes observations que celles faites précédemment: la version latine est par rapport à l'arménienne beaucoup plus imprécise et concise. Elle est, à proprement parler et aussi absurde que cela puisse paraître, une sobre paraphrase [1]. De nouveau, tout se passe même aisément de commentaire.

En revanche, elle est aussi, dans la partie conservée, paradoxalement plus intégrale. Je ne parle pas des nombreuses notes et corrections marginales ou des additions, insérées dans le texte, du traducteur (éventuellement, peu importe, d'un interpolateur antérieur ou postérieur, pourquoi pas) [2]. Je veux parler des lacunes appréciables du texte arménien [3] et principalement de la grosse lacune qui recouvre 11 *Questions* et qui se situe entre les paragraphes 195 et 196, que la version latine comble de la façon que l'on sait désormais lui être propre.

L'hypothèse que le traducteur latin, malgré les licences prises constamment par lui [4], (ou déjà l'exemplaire grec consulté) ait arbitrairement ajouté une quantité si considérable de *Questions* est absolument à rejeter. L'existence de trois d'entre elles au moins est garantie par des fragments grecs. D'autant plus que dans l'arménien, de 195 à 196, on saute brusquement de *Gen.* 26, 19 à *Gen.* 27, 1, c'est-à-dire que manquent dans la suite des lemmes, les versets 20 à 35 du ch. 19 où il y aurait la place pour une douzaine de *Questions* environ, le nombre précisément de celles qui se trouvent dans le latin. Et aussi d'autant plus que la version arménienne (cela n'est plus désormais une nouveauté) est à bien d'autres endroits encore plus gravement mutilée, étant donné l'état d'avarie des papyri origéniens [5].

Ce qui intrigue davantage, c'est que ces deux versions s'arrêtent exactement au même point. Peut-on en déduire que le latin comme

---

[1] Il serait, bien entendu, extrêmement intéressant d'examiner les trois témoins cités avec Ambroise, ce qui n'est malheureusement pas possible, l'usage ambrosien de *Quaest.* ne portant pas sur le IVe livre (=division arm.).

[2] Voir la liste complète des gloses dans Petit, ibid., p. 101.

[3] Il s'agit des questions 61/203, 68/210 et 100/243 (voir Petit, ibid., pp. 78, 82 et 99).

[4] Et malgré aussi la numérotation ininterrompue des mss. arméniens. «Si integri crederentur Codd. Armm. (ut quodam modo persuadere poterat continuatio numerorum sive capitulorum) dicendum esset, quod solitis sibi obscuritatibus exponere satis duxerit auctor hoc numero ea omnia, quae habentur Gen. XXVI, v. 19. usque ad 33...», Aucher, op. cit., p. 398, n. 1.

[5] Voir ci-dessus, p. 92 et nn. 2, 3 et 4.

l'arménien n'ont connu *Quaest.* que jusque-là? Je ne pense pas. Cette coïncidence (d'ailleurs n'oublions pas que c'est la fin d'un livre) n'autorise nullement à inférer que le traducteur latin ne disposait pas de la suite de l'ouvrage, parce que, en théorie, il a pu n'en traduire à dessein qu'une partie et aussi parce que sa traduction ne nous est manifestement parvenue qu'en débris. Philon de toute manière a continué ses *Quaestiones* pour le reste de la Genèse [1] et dans tout l'Exode.

On ne peut donc conclure de cette dernière constatation, à rien de sûr ni d'éclairant quant aux rapports de cette *vieille version latine* avec la bibliothèque de Césarée. Tout ce qu'on peut dire aussi du fait qu'elle échappe à des lacunes présentes dans le témoin arménien, c'est qu'elle ne tire sûrement pas son origine de l'édition partielle d'Euzoios.

Néanmoins, il existe indépendamment de sa datation et de sa localisation, qui passent au second plan pour mon intérêt immédiat et que je me borne à évoquer, un indice éloquent et unique de la non-dépendance de notre traduction par rapport à Césarée. J'y ai déjà fait allusion: le traducteur fait de son propre chef à la *Question* supplémentaire 9*, un renvoi explicite au Περὶ ἀριθμῶν de Philon. Nous ne connaissions ce traité perdu que par une des rarissimes références de Philon à ses propres écrits [2]. Or, il ne figure dans aucune des deux éditions césaréennes ni non plus dans le catalogue d'Eusèbe qui pourtant nous fait connaître l'existence d'autres traités pareillement disparus.

L'auteur latin, s'il n'a pas traduit ce traité (car la chose ne ressort pas pleinement de sa brève notice), l'a pour le moins certainement lu ou connu, pour pouvoir en parler de la sorte. Ce qui le coupe décisivement de Césarée. Si lui donc a connu Philon sans avoir eu besoin de passer par la bibliothèque d'Origène, nul doute qu'il en va de même pour Ambroise de Milan.

---

[1] Trois fragments grecs (Harris, pp. 71–72) suffisent à motiver cette assertion. De même, Aucher, p. 413: «desiderantur in codicibus Armenis, quos nos attigimus, reliqua Philonis scripta usque ad finem libri Geneseos, quae nimirum respiciebant ad residuam Jacobi, et Josephi historiam; ut patet etiam ex locis citatis apud alios scriptores, quorum vestigia notantur apud Fabricium Tom. III, p. 110.» Voir également de moi, *La division...*

[2] En *Mos.* III, 115 (IV 227, 11–12); cf. *Quaest.* IV, 110 et *Opif.* 52 (I 17, 4–5).

# CONCLUSION

Pour me résumer et dresser le bilan final de la présente enquête, je peux affirmer avec certitude qu'Ambroise, exégète de l'Ancien Testament, a connu de Philon et en grec, le traité *Sacrif.* et les trois premiers livres actuels de *Quaest.;* et qu'il a exploité le premier en *Cain,* les seconds en *Noe* et *Abrah.* II. Quant aux autres traités philoniens auxquels Ambroise paraît faire quelques emprunts disséminés à travers ses commentaires sur la Genèse, je n'ai pas autant de certitude qu'il les connaisse au même titre, c'est-à-dire directement, avec cependant quelques réserves pour *Prof.* de faible utilisation en *Fuga.*

L'usage continuel et presque outrancier qu'il fait de ces deux œuvres remarquables de Philon, le fait à bon droit considérer comme l'un des témoins autorisés de la tradition manuscrite de l'Alexandrin et permet de tirer bien des conclusions qui vont être, à mon avis, lourdes de conséquences.

Disons d'une manière générale qu'Ambroise atteste une très bonne forme textuelle et très utile à la critique [1]. On s'en était rendu compte depuis fort longtemps. Cela, certes, n'a en soi rien d'excessivement surprenant, mais ce qui aura plus surpris, c'est le fait qu'Ambroise se situe à l'intérieur de l'histoire textuelle philonienne dans une étape antérieure à la fondation de l'école et bibliothèque origéniennes de Césarée (232) où sont précisément à rechercher les archétypes de tous les témoins médiévaux subsistants actuellement.

Et, avant tout, Ambroise semble avoir lu et employé en son *Abrah.* II une grande partie perdue de *Quaest.* de Philon. Mais comme il s'agit d'un ouvrage qui n'est attesté que dans la seconde édition césaréenne, il serait imprudent de vouloir s'y appuyer, quand on sait très

---

[1] Cohn, vol. I, p. LXIII : «rursus Ambrosius utpote unus antiquissimus memoriae Philoneae testis ad verba Philonis emendanda nonnihil confert. certe bonas quasdam scripturas alibi tradita Ambrosii testimonio confirmari nihil mirum.»

bien dans quel état de détérioration était ladite bibliothèque à la restauration d'Acace et d'Euzoios, après la mort d'Origène.

Ambroise semble encore avoir seul conservé, en considération d'un usage soi-disant «transposé» et «manipulé», un ordre meilleur et primitif des traités en cause que les manuscrits offriraient dans un état textuel remanié [1].

C'est donc à l'Egypte et aux papyri du didascalée d'Alexandrie, d'où dérivent à la fois et le papyrus de Coptos et les papyri d'Origène, qu'Ambroise se rattache plus particulièrement.

Peut-on, dans le cas d'Ambroise, remonter plus haut que le didascalée? Je crois qu'on peut le faire sans difficultés majeures. Je signale que trois fois au moins (dont deux absolument hors de doute) Ambroise échappe à des corruptions communes au papyrus égyptien et aux codices. Cette petite particularité, qu'on aurait peut-être plutôt tendance à minimiser, lui confère la place et la qualité de témoin le plus ancien qu'on connaisse dans toute l'histoire de la tradition textuelle du corpus philonien [2].

Mais est-ce possible de préciser davantage et dire par quel intermédiaire Ambroise a reçu son Philon? Sans aller jusqu'à affirmer que les œuvres de Philon se répandirent en Occident du vivant même du célèbre auteur (cf. Eusèbe, *Hist. ecclés.* II, 18, 8, ci-dessus, p. 19), il est permis d'avancer, sans trop de risques, qu'elles circulaient à très haute époque dans les bibliothèques d'Italie et d'Afrique latine. Nous savons en effet qu'au IIe siècle déjà, un Justin et même un Irénée [3] semblent ne pas ignorer la production littéraire philonienne et qu'aux siècles suivants, en Afrique penserais-je volontiers, vit le jour une importante traduction de Philon en latin.

En ce qui concerne Ambroise, c'est, selon moi, probablement Simplicien, le vieux prêtre qui avait été à Rome en intime rapport

---

[1] Ce fait important m'a donné assez d'audace pour préférer systématiquement l'état textuel d'Ambroise, alors qu'il est le seul à l'attester à l'encontre de tous les codices. Les hypothèses que j'ai émises acquièrent ainsi beaucoup plus de vraisemblance.

[2] Pour ce qui est de *la vieille version latine,* on ne peut rien conclure de décisif du fait que les *Quaestiones* sont très mal représentées, sinon qu'elle a fort peu de chances de provenir de l'archétype césaréen. Je suis toutefois d'avis que la transmission de Philon à l'Occident est à traiter comme un seul et même problème.

[3] Cf. Smulders, *A quotation of Philo in Irenaeus* (rapprochement entre l'*Adversus haereses* IV, 39, 2 et *Cher.* § 24).

d'amitié avec Marius Victorinus [1], celui qui a initié saint Ambroise à la science sacrée et qui lui a en même temps ouvert la voie aux modèles et révélé les écrits de Philon (et ceux d'Origène) [2].

Pour ce qui est des attaches littéraires à Philon en dehors de ces trois commentaires ambrosiens, où il faut situer la ligne de démarcation de toute dépendance immédiate, et limitativement à la Genèse, ne présentant pas à l'analyse une physionomie entièrement satisfaisante et ne répondant pas à des lois et principes acquis de l'exégèse d'Ambroise et de sa méthode, je me suis vu dans l'obligation de nier la source directe de Philon. Certaines citations quasi littérales, qui déconcertent et refusent de prime abord d'être regardées comme «indirectes», exigent cependant une explication adéquate.

C'est par cette approche que je suis arrivé à supposer une source différente et, si je puis dire, intermédiaire, dans le sens qu'elle entretiendrait des relations plus ou moins étroites avec Philon. Par voie éliminatoire des autres sources possibles et par la présence d'indices assez manifestes, j'ai été amené à identifier cette source mystérieuse avec Origène, et d'Origène, plus exactement les *grands commentaires* et surtout les *Homélies* soi-disant *mystiques sur la Genèse,* bien que, il faut le reconnaître en toute honnêteté, je ne dispose pas, sur ce plan, de preuves flagrantes et formelles [3]. Ce serait donc, d'après mon hypothèse, au puits origénien qu'Ambroise aurait puisé inconsciemment l'eau philonienne. Telle a été ma manière d'envisager les choses. Il peut en soi y en avoir d'autres légitimes, à condition toujours

---

[1] Voir Augustin, *Confess.* VIII, 2 (CSEL XXXIII, 171, 6ss.): dans les milieux néo-platoniciens romains, le grand platonisant qu'était Philon ne devait sans doute pas manquer (voir n. 2, p. 20). Philon était-il au nombre de ces «libri platonicorum» dont parle Augustin et qui se trouvaient à Milan (en 386)? Voir ce que dit du milieu néoplatonicien milanais, Hadot, *Marius Victorinus,* pp. 204–206 et n. 10.

Ces livres platoniciens, traduits en latin par Victorin, ne pouvaient venir que de Rome. Il y aurait là encore beaucoup de recherches à entreprendre. Et puis, même si le «Victorinus» qui, au témoignage de Jérôme, aurait utilisé Origène (cf. *Advers. Rufin.* I, 2: PL XXIII, 417B), ne correspond pas à notre philosophe romain, il n'en reste pas moins que ce dernier n'a pas échappé à l'influence origénienne (voir Hadot, ibid., p. 283).

[2] Voir Lazzati, *Il valore letterario,* pp. 10–16. L'auteur pense notamment à Origène, mais cela pourrait valoir aussi pour Philon.

[3] Cette source principale n'en exclurait-elle pas forcément d'autres mineures (Hippolyte, à titre d'exemple).

d'expliquer de façon acceptable les anomalies que j'ai dénoncées nombreuses dans l'usage de Philon qui serait admis pour certain dans les traités exégétiques ambrosiens étudiés aux chapitres IV et V.

J'ai ensuite montré à l'aide d'exemples, même s'ils ne sont pas tous contraignants, combien le texte d'Ambroise s'avérait suggestif dans l'intérêt d'une critique textuelle systématique, qui manque d'ailleurs, de *Quaest.* de Philon. Le grec présupposé par Ambroise ne saurait être à cet effet qu'extrêmement révélateur, en raison de l'antiquité et unicité du témoin. Ses pages dissimulent, à bien regarder, certainement des leçons précieuses et originales qu'il y aurait tout avantage à dépister [1].

Enfin, l'étude comparative des œuvres de Philon et d'Ambroise m'a fortement sensibilisé à la question fort complexe et délicate du classement des œuvres de Philon et je propose modestement à l'attention une vue entièrement nouvelle sur ce sujet.

_____

[1] Un complément utile et souhaitable à la présente monographie serait la collation systématique des lieux parallèles d'Ambroise et du Philon arménien présenté dans une nouvelle traduction plus littérale et mieux documentée que celle d'Aucher. Cela consisterait sur le plan pratique, à mettre leurs textes en regard, en renvoyant à un apparat critique spécial les témoins grecs (ou latins), chaque fois qu'ils subsistent. On pourrait alors mieux apprécier, ainsi que je l'ai démontré par quelques spécimens, le démarquage d'Ambroise et son apport original pour la critique textuelle de Philon, et plus particulièrement de *Quaest.* (voir pp. 93 à 105 et p. 104, n. 4).

J'ai moi-même, depuis la rédaction de cette note, entrepris le travail souhaité pour les livres I et II de *Quaest.*, en collaboration avec Ch. Mercier, auteur d'une traduction française sur le texte original arménien, de *Quaest.* et *Quaest. Ex.*, dont il va faire la publication dans le Corpus de Lyon. Je regrette vivement de n'avoir pas pu me servir, pour la citation du texte de *Quaest.*, de son excellente traduction qui va marquer un progrès notable sur celles, latine d'Aucher et anglaise de Marcus, et dont l'un des principaux mérites est de s'appuyer sur un nombre de manuscrits plus étendu et plus complet que ceux qui avaient déjà été consultés par Aucher (Marcus n'ayant fait, à ce point de vue-là, que reprendre le texte de l'édition d'Aucher, en l'améliorant parfois grâce surtout à la méthode de la rétroversion.

# APPENDICE

## Note pour un nouveau classement des œuvres de Philon

Malgré l'abondante littérature existante à ce sujet [1], la question me semble encore loin d'être résolue définitivement. C'est pourquoi je fais part dans ce court «Appendice» de quelques réflexions personnelles susceptibles, à mon sens, d'apporter un peu de lumière.

Les manuscrits médiévaux, on l'a déjà relevé [2], sont très mélangés. Mais l'ordre était-il déjà compromis dans la bibliothèque de Césarée?

J'insiste derechef, car cela me paraît capital, sur l'étrange correspondance qui existe entre les différents écrits exégétiques d'Origène et ceux de Philon [3]. Pour récapituler, les *Quaestiones* font assez bien pendant aux *Scholies* [4], le soi-disant *Commentaire allégorique* se présente comme l'équivalent des *Tomes* et ce qu'on appelle l'*Exposition de la loi,* du genre ésotérique et synagogal, fait opportunément songer aux *Homélies.* Il ne serait pas même surprenant ni entièrement exclu qu'Origène emprunte à Philon ces trois genres littéraires qui deviendront classiques chez lui.

Or, il semble que cette triple division soit aussi celle qui préside au catalogue d'Eusèbe [5], quant au livre de la Genèse tout au moins.

---

[1] Voir notamment, comme une des études les plus représentatives, Massebieau, *Le classement...*, pp. 1–91.

[2] *Supra* pp. 8–11.

[3] Voir ci-dessus, p. 67 et p. 69, n. 3.

[4] Voir cependant, à propos du genre littéraire «Questions et réponses», les réserves émises par Bardy, *La littérature patristique des «Quaestiones et responsiones»...*, p. 224 (41/1932): «Origène n'a composé aucun ouvrage qui corresponde exactement au genre littéraire des Questions. Les scholies que lui attribue la tradition devaient être des explications sur des passages détachés de tel ou tel livre biblique et ne pas revêtir en général la forme de problèmes et de solutions. Nous les connaissons d'ailleurs trop imparfaitement pour avoir la possibilité de nous former un jugement décisif à leur sujet».

[5] Πολύς γε μὴν τῷ λόγῳ καὶ πλατὺς ταῖς διανοίαις, ὑψηλός τε ὢν καὶ μετέωρος

Et tout d'abord une explication suivie et enchaînée des récits
(εἱρμῷ καὶ ἀκολουθίᾳ τὴν τῶν εἰς τὴν Γένεσιν διεξελθὼν πραγματείαν)
appelée *Allégories des saintes lois* (Νόμων ἱερῶν ἀλληγορίαι).

L. Cohn est d'avis que ceci était le titre général et primitif de ce
qu'on regroupe actuellement sous le chef de *Commentaire Allégorique.*
Cet ouvrage grandiose aurait été anciennement distribué en petits
traités autonomes, avec pour chacun diversité de titre assorti à son
sujet (*Cher.*, *Sacrif.*, *Deter.*, *Poster.*, *Gig.* etc.), tandis que celui de *Leg.*
aurait continué habituellement à désigner les livres encore connus sous
ce nom [1].

Je fais mienne cette hypothèse, mais en partie seulement. Je pense
en effet que le nommé *Commentaire Allégorique* n'embrassait en réalité
que les traités suivants de nos éditions: *Opif.*, *Leg.*, *Cher.*, *Sacrif.*,
*Deter.* et *Poster.* C'est ici, remarquons-le en passant, que s'insère pour
la première fois une lacune importante (*Gen.* 5), si l'on admet la classification traditionnelle.

Or, il se trouve justement que ni Eusèbe ni Jérôme, qui pourtant
énumèrent beaucoup d'autres opuscules prétendument adjoints à ce
grand ensemble que serait le *Commentaire Allégorique,* ne citent aucun
des susdits traités, sauf évidemment *Leg.* les comprenant tous. Telles
devaient être, à mon sentiment, la perspective et l'intention des com-
positeurs de la liste. Sans quoi, il serait inexplicable que ni l'un ni
l'autre n'aient nullement mentionné des traités si saillants et capitaux
tels que *Sacrif.* et *Opif.* qui figuraient sûrement dans la bibliothèque
de Césarée, dont le catalogue a indubitablement servi de source première à Eusèbe [2], bibliothèque d'où sont issus tous les manuscrits
médiévaux qui connaissent bien ces deux livres. Du reste, de l'un

---

ἐν ταῖς εἰς τὰς θείας γραφὰς θεωρίαις γεγενημένος ποικίλην καὶ πολύτροπον τῶν ἱερῶν
λόγων πεποίηται τὴν ὑφήγησιν, τοῦτο μὲν εἱρμῷ καὶ ἀκολουθίᾳ τὴν τῶν εἰς τὴν Γένεσιν διεξελθὼν πραγματείαν ἐν οἷς ἐπέγραψεν Νόμων ἱερῶν ἀλληγορίας, τοῦτο δὲ κατὰ
μέρος διαστολὰς κεφαλαίων τῶν ἐν ταῖς γραφαῖς ζητουμένων ἐπιστάσεις τε καὶ διαλύσεις πεποιημένος ἐν οἷς καὶ αὐτοῖς καταλλήλως Τῶν ἐν Γενέσει καὶ Τῶν ἐν Ἐξαγωγῇ
ζητημάτων καὶ λύσεων τέθειται τὴν ἐπιγραφήν. ἔστι δ᾽ αὐτῷ παρὰ ταῦτα προβλημάτων τινῶν ἰδίως πεπονημένα σπουδάσματα, οἷά ἐστι τὰ Περὶ γεωργίας δύο, καὶ τὰ
Περὶ μέθης τοσαῦτα, καὶ ἄλλα ἄττα διαφόρου καὶ οἰκείας ἐπιγραφῆς ἠξιωμένα, οἷος
ὁ Περὶ ὧν νέψας ὁ νοῦς εὔχεται καὶ καταρᾶται καὶ περὶ συγχύσεως τῶν διαλέκτων
κτλ., *Hist. eccles.* II, 18, 1–2 (GCS, Eusebius, II 1, 152–154).

[1] Voir *Die Werke Philos*, III. Teil, pp. 9–10.
[2] Jérôme dépend très probablement de l'*Histoire ecclésiastique* d'Eusèbe.

d'entre eux, *Opif.,* nous avons des emprunts quasi textuels dans la *Praeparatio evangelica* d'Eusèbe.

Les *Allégories des saintes lois* ne devaient donc pas s'étendre au-delà du ch. 4 de la Genèse, car *Poster.* qui serait le dernier de la série commente *Gen.* 4, 16–25 (26, fin de chapitre). N'oublions pas d'ailleurs que les *Tomoi* d'Origène *sur la Genèse* s'arrêtaient exactement au même endroit. Je vois là une coïncidence très typique et hautement significative.

J'éloigne donc du *Commentaire Allégorique* (= *Leg.*) toute la foule des autres traités qui y sont arbitrairement incorporés, mais je réintègre à ce *Commentaire, Opif.* qui en est généralement exclu par les critiques. Les mêmes critiques sont alors obligés de faire appel à un traité qui aurait disparu parallèle à *Opif.,* mais faisant en somme double emploi avec celui-ci. On a cependant aujourd'hui de plus en plus tendance à ne point séparer *Opif.* et *Leg.* [1]. Et je crois avec raison.

Viennent en second lieu dans la nomenclature eusébienne les *Quaestiones et solutiones* (κατὰ μέρος διαστολὰς κεφαλαίων τῶν ἐν ταῖς γραφαῖς ζητουμένων ἐπιστάσεις τε καὶ διαλύσεις πεποιημένος). Sur quoi, pas de problèmes particuliers, si ce n'est que pour la division en livres et leur mauvais sort dans la transmission manuscrite [2].

Il résulte enfin clairement de cette nomenclature qu'à partir de *Gig.* (*Gen.* 6, 1–4) et *Deus* (*Gen.* 6, 4–12) on entre dans une catégorie nouvelle de traités, les προβλημάτων τινῶν ἰδίως πεπονημένα σπουδάσματα ... διαφόρου καὶ οἰκείας ἐπιγραφῆς ἠξιωμένα. On voit même qu'Eusèbe n'attache aucun prix à les classer dans l'ordre de la Bible, car il commence leur inventaire avec *Agric.* (*Gen.* 9, 20) et *Ebr.* (*Gen.* 9, 21), pour ne faire mention, qu'après beaucoup d'autres, de *Gig.* qui selon les classements habituels les précède.

J'estime que ces multiples écrits aux «questions» particulières (ἰδίως) appartenaient au genre homilétique et que quelques-uns du moins avaient été véritablement prononcés à la Synagogue dans diverses circonstances, selon les nécessités liturgiques ou autres. De là viendrait le fait qu'ils se présentent désunis et indépendants les

---

[1] «... il est important de ne pas trop séparer le *de Opificio* et le *Legum allegoriae;* il faut au contraire les éclairer l'un par l'autre, car le premier, comme le dit justement R. Arnaldez, donne le «fondement qui dirige l'emploi de l'allégorie» pour l'interprétation du texte de l'Hexahéméron», Mondésert, *Legum allegoriae,* introd., p. 17.

[2] Voir Petit, *L'ancienne...,* pp. 4–6. Et Lucchesi, *La division...,* in extenso.

uns des autres avec des lacunes normales et régulières. La classification d'après l'ordre scripturaire n'est d'ailleurs pas non plus celle des codices.

Il resterait alors à se demander pour quelle raison *Leg.* primitif a été soumis à la désintégration dont on est maintenant en présence. C'est très vraisemblablement à une période fort ancienne [1], sous l'influence des «petits traités», que le *Commentaire Allégorique* trop volumineux a été divisé en six sections, portant chacune un titre différent [2]. On aurait d'abord commencé, par intérêt personnel, à copier séparément tel ou tel extrait, tout en continuant à reproduire intégralement le vaste ouvrage en question. La distribution en traités distincts aurait finalement prévalu et supplanté l'autre «tradition». Les copistes étaient les premiers à en sortir avantagés. Ils n'avaient souvent plus à transcrire des morceaux entiers intercalés [3].

Dans cette même ligne, l'autre ouvrage considérable que sont les *Quaestiones in Genesim* et *in Exodum* n'aurait pas non plus, de son côté, échappé à cette sorte de démembrement, pour d'autres motifs cependant. L'explication couramment donnée de la mauvaise transmission textuelle des *Quaestiones* n'est pas pleinement convaincante. Parmi les traités dérivant de la deuxième édition et encore existants, ce seraient les *Quaestiones* seules à avoir été surtout endommagées par le manque d'entretien de la bibliothèque césaréenne. Pourquoi uniquement les *Quaestiones*? Il y aurait, me paraît-il, une explication,

---

[1] Bien avant Césarée, sans qu'on puisse préciser davantage.

[2] Peut-être Philon lui aussi avait-il déjà introduit des sous-titres. De toute façon, le papyrus de Coptos (Egypte, IIIᵉ siècle) connaît déjà *Sacrif.* en sa situation de pièce détachée.

[3] A Césarée on ne connaissait évidemment plus les livres que dans leur division. On continuait néanmoins à parler de *Leg.* pour désigner toute la série.

C'est l'histoire curieuse et singulière, mais qui ne serait donc pas exceptionnelle, arrivée au minuscule *De Mercede meretricis*, qui m'a fait songer à cette possibilité. Ce faux, artificiellement composé de deux parties bien agencées et préalablement isolées de deux ouvrages philoniens différents et authentiques, a laissé un vide déplorable, mais dans quelques manuscrits seulement, à l'intérieur de *Sacrif.* qui en avait fourni toute la seconde partie.

Celle-ci réapparaît en revanche sous sa forme de section intégrée à *Sacrif.* dans les codices les plus autorisés, qui partagent cette originalité avec le papyrus de Coptos et l'utilisation latine d'Ambroise connaissant et confirmant le texte intégral de *Sacrif.*

à mon humble avis, plus plausible de leur tradition textuelle défectueuse [1]. Les *Quaestiones* font souvent double emploi avec les autres commentaires. Or, par économie de temps et de fatigue, entre autre, on aurait copié de préférence les parties qui ne faisaient pas doublet. Bien sûr, cela n'a pas toujours été règle générale et absolue, mais je veux dire par là qu'on omettait facilement des sections qui ne faisaient la plupart du temps que répéter des thèmes déjà connus.

Mais, étant donné l'état de nos connaissances actuelles, cela reste toujours une hypothèse de travail.

J'ai parfaitement conscience que ce nouvel essai se heurte dans sa concision à de nombreuses difficultés. Mais ce n'était pas ici le lieu idéal pour une étude exhaustive. Peut-être aurai-je un jour le loisir de reprendre et développer ce qui n'est donné ici qu'en ébauche.

---

[1] Je ne dis pas pour autant qu'aucun dommage n'a suivi cette détérioration de librairie.

# Tableau annexe I

| | Hex. | Par. | Cain | Noe | Abrah. | Isaac | Iacob | Ioseph | Patr. | Fuga | |
|---|---|---|---|---|---|---|---|---|---|---|---|
| Abr. | — | 1 | — | — | 1 | 1 | — | — | — | — | 3 |
| Aet. | 1 | — | — | — | —. | — | — | — | — | — | 1 |
| Agric. | — | — | — | 2 | — | — | 1 | — | 1 | — | 4 |
| Alex. | 3 | — | — | — | — | — | | — | — | — | 3 |
| Cher. | — | — | 1 | — | 4 | 1 | — | — | — | — | 6 |
| Congr. | — | — | — | — | 5 | 1 | 1 | — | 1 | — | 8 |
| Decal. | — | — | — | — | 1 | — | — | — | — | — | 1 |
| Det. | — | — | 6 | — | 2 | — | — | 2 | — | — | 10 |
| Ebr. | — | — | — | 1 | — | — | — | — | 1 | — | 2 |
| Gig. | — | — | — | — | 1 | — | — | — | — | — | 1 |
| Her. | — | — | — | — | 2 | — | — | — | — | — | 2 |
| Ios. | — | — | — | — | — | — | — | 3 | — | — | 3 |
| Leg. | — | 29 | — | 2 | 13 | 1 | — | 2 | 4 | 2 | 53 |
| Migr. | — | — | — | — | 18 | — | — | — | — | — | 18 |
| Mos. | 1 | — | — | 1 | 1 | 1 | — | — | — | — | 4 |
| Mutat. | — | — | — | — | 6 | — | — | — | — | — | 6 |
| Opif. | 4 | 2 | — | — | 1 | — | — | — | — | — | 7 |
| Plant. | — | — | — | 1 | — | — | 1 | — | — | — | 2 |
| Poster. | — | 2 | — | — | — | 1 | — | — | — | — | 3 |
| Praem. | — | 1 | — | — | — | 2 | — | — | — | — | 3 |
| Prof. | — | — | — | — | — | 2 | 1 | — | — | 20 | 23 |
| Prov. | 2 | — | — | — | — | — | — | — | — | — | 2 |
| Quaest. | 1 | 17 | 17 | 86 | 59 | — | — | — | — | — | 180 |
| Quaest. Ex. | — | — | — | 1 | — | — | — | — | — | — | 1 |
| Sacrif. | — | — | 127 | — | 3 | — | — | 1 | — | — | 131 |
| Sept. | — | — | — | — | 1 | — | — | — | — | — | 1 |
| Sobr. | — | — | — | 1 | — | — | — | — | 1 | — | 2 |
| Somn. | — | — | — | 1 | 2 | — | — | 1 | 6 | — | 10 |
| | 12 | 52 | 151 | 96 | 120 | 10 | 4 | 9 | 14 | 22 | 490 |

## Tableau annexe II

| | Epist. 1 (Maur. 7) | Epist. 2 (Maur. 65) | Epist. 3 (Maur. 67) | Epist. 4 (Maur. 27) | Epist. 5 (Maur. 4) | Epist. 6 (Maur. 28) | Epist. 7 (Maur. 37) | Epist. 10 (Maur. 38) | Epist. 14 (Maur. 33) | Epist. 28 (Maur. 50) | Epist. 29 (Maur. 43) | Epist. 31 (Maur. 44) | Epist. 34 (Maur. 45) | |
|---|---|---|---|---|---|---|---|---|---|---|---|---|---|---|
| Congr. | — | — | — | 12 | — | — | — | — | — | — | — | — | — | 12 |
| Her. | 5 | 4 | — | — | 1 | — | — | — | — | — | — | — | — | 10 |
| Leg. | — | — | — | 1 | — | — | — | — | — | — | — | — | — | 1 |
| Migr. | — | — | — | 1 | — | — | — | — | — | — | — | — | — | 1 |
| Mos. | — | — | — | — | — | — | — | — | — | 6 | — | — | — | 6 |
| Opif. | — | — | — | — | — | — | — | — | — | — | 15 | 13 | 10 | 38 |
| Prob. | — | — | — | — | — | 4 | 23 | — | — | — | — | — | — | 27 |
| Prof. | — | — | 6 | 6 | — | — | — | 2 | — | — | — | — | — | 14 |
| Sacrif. | — | — | — | — | — | — | — | — | 2 | — | — | — | — | 2 |
| Total | 5 | 4 | 6 | 20 | 1 | 4 | 23 | 2 | 2 | 6 | 15 | 13 | 10 | 111 |

# ADDENDUM

Le présent ouvrage était déjà déposé chez l'Editeur, lorsque j'ai appris qu'une thèse de doctorat ayant pour objet cette même recherche venait d'être soutenue en Sorbonne par Mr. H. Savon. Après avoir pris personnellement contact avec l'auteur, celui-ci n'a pu me communiquer qu'un bref résumé de sa très volumineuse thèse qui a pour titre: *Saint Ambroise devant l'exégèse de Philon le Juif (Recherche sur les «traités philoniens» d'Ambroise de Milan)* et qui ne tardera pas à paraître, je suppose. De ce premier échange de vues, nous pouvions constater que nous nous séparions sur l'appréciation de certains faits. Mais comme il ne m'a pas été possible de prendre vision de son manuscrit, je ne puis en dire plus pour le moment.

D'autre part, je me fais un devoir de ne pas passer sous silence Mlle A. Nai, de même que ma sœur Vilma, qui ont bien voulu accepter la pénible tâche de relire mes épreuves. Qu'elles en soient ici cordialement remerciées.

Un grand et chaleureux merci ira enfin à M. Jean-Marc Prieur qui a eu l'amabilité d'assurer un dernier contrôle avant la mise sous presse.

# BIBLIOGRAPHIE

B. Altaner, *Kleine patristische Schriften*, dans «Texte und Untersuchungen zur Geschichte der altchristlichen Literatur» 83, Berlin 1967, pp. i–x, 1–620 (= *Augustinus und Philo von Alexandrien. Eine quellenkritische Untersuchung*, dans «Zeitschrift für katholische Theologie» 65 (1941) pp. 81–90).

J. B. Aucher, *Philonis Judaei sermones tres hactenus inediti. I et II: De Providentia, et III: De Animalibus, etc.*, Venetiis 1822.

– – *Philonis Judaei Paralipomena Armena: libri videlicet quatuor in Genesim, libri duo in Exodum, sermo unus de Sampsone, alter de Jona, tertius de tribus angelis Abrahamo apparentibus, etc.*, Venetiis 1826.

G. Bardy, *La littérature patristique des «Quaestiones et responsiones» sur l'Ecriture sainte*, dans «Revue Biblique» 41 (1932) pp. 210–236; 341–369; 515–537 et 42 (1933) pp. 14–30; 211–229; 328–352.

J. D. Barthélemy, *Est-ce Hoshaya Rabba qui censura le «Commentaire Allégorique»? A partir des retouches faites aux citations bibliques, étude sur la tradition textuelle du Commentaire Allégorique de Philon*, dans «Philon d'Alexandrie», Colloques nationaux du C.N.R.S., Paris 1967, pp. 45–78.

P. Batiffol, *Notes d'ancienne littérature chrétienne. L'Enchiridion d'Origène*, dans «Revue Biblique (internationale)» 7 (1898) pp. 265–269.

K. Baus, *Das Nachwirken des Origenes in der Christusfrömmigkeit des heiligen Ambrosius*, dans «Römische Quartalschrift» 49 (1954) pp. 21–55.

G. N. Bonwetsch, *Hippolyts Kommentar zum Hohenlied auf Grund von N. Marrs Ausgabe des Grusinischen Textes*, dans «Texte und Untersuchungen zur Gesch. der altchristl. Lit.» 23 (N. F. 8), 2c, Leipzig 1903, pp. 1–116.

– – *Drei georgisch erhaltene Schriften von Hippolytus*, «Ibidem» 26 (N. F. 11), 1a, Leipzig 1904, pp. i–xvi, 1–98.

B. Botte, *La Tradition apostolique de Saint Hippolyte (essai de reconstitution)*, dans «Liturgiewissenschaftliche Quellen und Forschungen» Heft 39, Münster (Westf.) 1965, pp. i–xliv, 1–112.

M. Cesaro, *Natura e Cristianesimo negli «Exameron» di San Basilio e di Sant'Ambrogio*, dans «Didaskaleion» NS 7 (1929), fasc. I, pp. 53–123.

L. Cohn et P. Wendland, *Philonis Alexandrini opera quae supersunt*, 7 voll., Berolini 1896–1930 (*Indices* par J. Leisegang).

– – *An apocryphal work adscribed to Philo of Alexandria*, dans «The Jewish Quarterly Review» Old Series 10 (1898) pp. 277–332.

– – *Die Werke Philos von Alexandria*, III. Teil, Breslau 1919.

F. H. Colson et G. H. Whitaker, *Philo with an English Translation*, vol. II, réimpr., London 1958 («The Loeb Classical Library»).

F. C. Conybeare, *Specimen lectionum armeniacarum or a Review of the fragments of Philo Judaeus as Newly Edited by J. Rendel Harris*, Oxford 1889.

– – *Philo about the Contemplative Life*, Oxford 1895.

P. Courcelle, *Recherches sur les «Confessions» de Saint Augustin*, Paris 1950 (2e éd., Paris 1968).

– – *Plotin et Saint Ambroise*, dans «Revue de Philologie» (24) 76 (1950) pp. 29–56.

– – *Nouveaux aspects du platonisme chez Saint Ambroise*, dans «Revue des Etudes Latines» 34 (1956) pp. 220–239.

– – *Saint Augustin a-t-il lu Philon d'Alexandrie?*, dans «Revue des Etudes Anciennes» 63 (1961) pp. 78–85.

– – *Les lettres grecques en Occident. De Macrobe à Cassiodore*, 2e éd., Paris 1966.

J. Daniélou, *Origène*, Paris 1948 («Le Génie du Christianisme» 1).

– – *Philon et Grégoire de Nysse*, dans «Philon d'Alexandrie», Colloques nationaux du CNRS, Paris 1967, pp. 333–345.

E. Dassmann, *Die Frömmigkeit des Kirchenvaters Ambrosius von Mailand (Quellen und Entfaltung)*, Münster (Westf.) 1965. («Münsterische Beiträge zur Theologie» Heft 29).

– – *Ecclesia vel anima. Die Kirche und ihre Glieder in der Hoheliederklärung bei Hippolyt, Origenes und Ambrosius von Mailand*, dans «Römische Quartalschrift (für Altertumskunde und Kirchengeschichte)» 61, 3–4 (1966) pp. 9–144.

F. H. Dudden, *The life and times of St. Ambrose* 2 voll., Oxford 1935.

T. Förster, *Ambrosius von Mailand. Eine Darstellung seines Lebens und Wirkens*, Halle 1884.

M. Fuhrmann, *Macrobius und Ambrosius*, dans «Philologus» 107 (1963) pp. 301–308.

P. Hadot, *Platon et Plotin dans trois sermons de Saint Ambroise*, dans «Revue des Etudes Latines» 34 (1956) pp. 202–220.

– – *Porphyre et Victorinus*, 2. voll., Paris 1968.

– – *Marius Victorinus*, Paris 1971. Voir aussi sous H. C. Puech.

H. Hagendahl, *Die Bedeutung der Stenographie für die spätlateinische christliche Literatur*, dans «Jahrbuch für Antike und Christentum» 14 (1971) pp. 24–38.

J. M. Hanssens, *La liturgie d'Hippolyte*, Roma 1959.

A. Hanson, *Philo's etymologies*, dans «The Journal of Theological Studies» 18 (1967) pp. 129–139.

A. Harnack, *De Apellis gnosi monarchica*, Lipsiae 1874.

– – *Sieben neue Bruchstücke der Syllogismen des Apelles*, dans «Texte und Untersuchungen zur Gesch. der altchristl. Lit.» 6, 3, Leipzig 1890, pp. 111–120.

J. Rendel Harris, *Fragments of Philo Judaeus*, Cambridge 1886.

P. Heinisch, *Der Einfluß Philos auf die älteste christliche Exegese (Barnabas, Justin und Clemens von Alexandria). Ein Beitrag zur Geschichte der allegorisch-mystischen Schriftauslegung im christlichen Altertum*, dans «Alttestamentliche Abhandlungen» 1, 1/2, Münster i. W. 1908, pp. i–viii, 1–296.

O. Hiltbrunner, *Die Schrift «De officiis ministrorum» des hl. Ambrosius und ihr ciceronisches Vorbild*, dans «Gymnasium» 71 (1964) pp. 174–189.

J. Huhn, *Ursprung und Wesen des Bösen und der Sünde nach der Lehre des Kirchenvaters Ambrosius*, dans «Forschungen zur christlichen Literatur- und Dogmengeschichte» 17, 5, Paderborn 1933, pp. 33–39.

S. Hunt, *The Oxyrhynchus Papyri*, Part IX, London 1912.

M. Ihm, *Philon und Ambrosius*, dans «Jahrbücher für classische Philologie» 36 (1890) pp. 282–288 (= «Neue Jahrbücher für Philologie und Paedagogik» 141).

W. Jaeger, *Echo eines unerkannten Tragikerfragments in Clemens' Brief an die Korinther*, dans «Rheinisches Museum für Philologie» N. F. 102 (1959) pp. 330–340.

M. R. James, *The Biblical Antiquities of Philo, now first translated from the old Latin version*, London 1917, reprod. anastat. New York 1971 (*Prolegomenon* by L. H. Feldman).

P. Lagarde, *Onomastica sacra*, réimpr., Hildesheim 1966.

S. Karppe, *Essais de critique et d'histoire de philosophie*, Paris 1902.

P. Katz, *Philo's Bible. The aberrant text of Bible quotations in some Philonic writings and its place in the textual history of the Greek Bible*, Cambridge 1950.

J. B. Kellner, *Der heilige Ambrosius als Erklärer des Alten Testamentes*, Regensburg 1893.

G. Kisch, *Pseudo-Philo's Liber Antiquitatum Biblicarum*, Notre-Dame (Indiana) 1949.

M. Klein, *Melemata Ambrosiana. Mythologica de Hippolyto, doxographica de Exameri fontibus*, Diss. Königsberg (Regimonti) 1927.

E. Klostermann, *Die Überlieferung der Jeremia-Homilien des Origenes*, dans «Texte und Untersuchungen» 16, 3, Leipzig 1897, pp. I–IV, 1–116.

– – *Die Schriften des Origenes in Hieronymus' Brief an Paula*, dans «Sitzungsberichte der Königl. Preuß. Akademie der Wissenschaften zu Berlin», Berlin 1897, 2, pp. 855–870.

H. Koch, *I rapporti di Cipriano con Ireneo e altri scrittori greci*, dans «Ricerche religiose» 5 (1929) pp. 137–163.

– – *Ancora Cipriano e la letteratura cristiana antica*, ibidem pp. 523–537.

A. Lampe, *Zum Hegesipp-Problem*, dans «Byzantinische Forschungen» 3 (1968) 165–167.

G. Lazzati, *L'autenticità del «De Sacramentis» e la valutazione letteraria delle opere di S. Ambrogio*, dans «Aevum» 29 (1955) pp. 17–48.

– – *Il valore letterario della esegesi ambrosiana*, Milano 1960.

H. Lewy, *Sobria ebrietas. Untersuchungen zur Geschichte der antiken Mystik*, dans «Beihefte zur Zeitschrift für die neutestamentliche Wissenschaft und die Kunde der älteren Kirche» Beiheft 9, Gießen 1929, pp. 1–174.

– – *Neue Philontexte in der Überarbeitung des Ambrosius*, dans «Sitzungsberichte der Preußischen Akademie der Wissenschaften» Phil.-Hist. Kl., 1932.IV, pp. 23–84.

– – Pseudo-Philonic «De Jona», Part I, London 1936.

E. Lucchesi, *Note sur un lieu de Cassiodore faisant allusion aux sept livres d'Ambroise sur les Patriarches*, dans «Vigiliae Christianae» 30 (1976) pp. 307–309.

– – *La division en six livres des «Quaestiones in Genesim» de Philon d'Alexandrie*, dans «Le Muséon» 89 (1976) pp. 383–395.

– – *Utrum Ambrosius Mediolanensis in quibusdam epistulis Philonis Alexandrini opusculum quod inscribitur «Quis rerum divinarum heres sit» usurpaverit an non quaeritur*, à paraître ibidem.

T. Mangey, *Philonis Judaei opera quae reperiri potuerunt omnia*, 2 voll. fol., Londini 1742.

R. Marcus, *Philo, Supplement I, Questions and Answers on Genesis*, London 1953, réimpr., 1961 («The Loeb Classical Library»).

– – *Philo, Supplement II, Questions and Answers on Exodus*, London 1953, réimpr., 1961 («Loeb»).

H. I. Marrou, *Saint Augustin et la fin de la culture antique*, 4e éd., Paris 1958.

M. L. Massebieau, *Le classement des œuvres de Philon*, dans «Bibliothèque de l'Ecole des Hautes Etudes», Sciences Religieuses, vol. I, Paris 1899, pp. 1–91.

A. Méasson, *Philon d'Alexandrie, De Sacrificiis Abelis et Caini*, Paris 1966 («Les œuvres de Philon d'Alexandrie» 4).

A. Meillet, *Altarmenisches Elementarbuch*, Heidelberg 1913.

C. Mondésert, *Philon d'Alexandrie, Legum allegoriae*, Paris 1962 («Les œuvres de Philon d'Alexandrie» 2).

F. Ohly, *Hohelied-Studien. Grundzüge einer Geschichte der Hoheliedauslegung des Abendlandes bis um 1200*, Wiesbaden 1958.

J. R. Palanque, *Saint Ambroise et l'Empire romain. Contribution à l'histoire des rapports de l'Eglise et de l'Etat à la fin du IVe siècle*, thèse Paris 1933.

A. Paredi, *S. Gerolamo e S. Ambrogio*, dans «Mélanges E. Tisserant», vol. V, pp. 183–198.

M. Pellegrino, *Paolino di Milano, Vita di S. Ambrogio*, Roma 1961 («Verba Seniorum» N. S. 1).

J. Pépin, *Théologie cosmique et théologie chrétienne (Ambroise, Exam., I 1, 1–4)*, Paris 1964.

F. Petit, *L'ancienne version latine des Questions sur la Genèse de Philon d'Alexandrie*, 2 voll., dans «Texte und Untersuchungen» 113–114, Berlin 1973, pp. i–xviii, 1–102 et 1–192.

J. B. Pitra, *Analecta sacra spicilegio Solesmensi parata*, voll. II et III, Romae 1883.

L. F. Pizzolato, *Ambrogio esegeta dei salmi nella «Explanatio psalmorum XII»*, dans «Aevum» 37 (1963) pp. 211–238.

– – *Sulla genesi della «Explanatio Psalmorum XII» di Ambrogio*, dans «(Quaderni di) Ambrosius» 40 (1964), Suppl. 4, pp. 1–25.

– – *La «Explanatio psalmorum XII». Studio letterario sulla esegesi di santo Ambrogio*, Milano 1965 («Archivio Ambrosiano» XVII).

H. C. Puech, *Origène et l'exégèse du psaume 50, 12–14*, dans «Aux sources de la tradition chrétienne, Mélanges M. Goguel», Neuchâtel 1950, pp. 180–194.

H. C. Puech et P. Hadot, *L'Entretien d'Origène avec Héraclide et le commentaire de Saint Ambroise sur l'Evangile de Saint Luc*, dans «Vigiliae Christianae» 13 (1959) pp. 204–234.

H. Rahner, *Hippolyt von Rom als Zeuge für den Ausdruck* θεοτόκος, dans «Zeitschrift für katholische Theologie» 59 (1935) pp. 73–81.

– – *Die Gottesgeburt. Die Lehre der Kirchenväter von der Geburt Christi im Herzen des Gläubigen*, ibidem 59 (1935) pp. 333–418.

V. Scheil, *Deux traités de Philon*, dans «Mémoires publiés par les membres de la mission archéologique française au Caire», t. IX, fasc. 2, Paris 1893, pp. i–vii, 151–215.

C. Schenkl, *Sancti Ambrosii opera*, Vindobonae 1897–1902 («Corpus Scriptorum Ecclesiasticorum Latinorum» 32, P. 1.2.4).

E. Schürer, *Geschichte des jüdischen Volkes im Zeitalter Jesu Christi*, 4e éd., vol. III, Leipzig 1909.

C. Siegfried, *Philo von Alexandria als Ausleger des Alten Testaments... an sich selbst und nach seinem geschichtlichen Einfluß betrachtet*, Jena 1875.

P. Smulders, *A Quotation of Philo in Irenaeus*, dans «Vigiliae Christianae» 12 (1958) pp. 154–156.

A. Solignac, *Nouveaux parallèles entre Saint Ambroise et Plotin: Le De Iacob et vita beata et le Περὶ εὐδαιμονίας (Ennéade I, IV)*, dans «Archives de Philosophie» 19 (1955/56) pp. 148–156.

C. Spicq, *Le philonisme de l'Épître aux Hébreux*, dans «Revue Biblique» 56 (1949) pp. 542–572 et 57 (1950) pp. 212–242.

F. Szabó, *Le rôle du Fils dans la création selon Saint Ambroise*, dans «Augustinianum» 7 (1967) pp. 258–305.

– – *Le Christ et les deux créations selon Saint Ambroise*, ibidem 8 (1968) pp. 5–39.

– – *Le Christ et le Monde selon Saint Ambroise*, ibidem pp. 325–360.

L. Taormina, *Sant'Ambrogio e Plotino*, dans «Miscellanea di studi di letteratura cristiana antica», Catania [-Luglio] 1954, pp. 41–85.

G. Tissot, *Ambroise de Milan, Traité sur l'Evangile de S. Luc*, vol. I, Paris 1971 («Sources Chrétiennes» 45 *bis*).

J. C. M. van Winden, *St. Ambrose's interpretation of the concept of matter*, dans «Vigiliae Christianae» 16 (1962) pp. 205–215.

– – *In the beginning, Some observations on the patristic interpretation of Genesis 1, 1*, ibidem 17 (1963) pp. 105–121.

W. Völker, *Das Abraham-Bild bei Philo, Origenes und Ambrosius*, dans «Theologische Studien und Kritiken» 103 (1931) pp. 199–207.

E. Freiherr von der Goltz, *Eine textkritische Arbeit des zehnten bezw. sechsten Jahrhunderts*, dans «Texte und Untersuchungen» 17 (N. F. 2), 4, Leipzig 1899, pp. 1–116.

J. H. Waszink, *Bemerkungen zu Justins Lehre vom Logos spermatikos*, dans «Mullus. Festschrift Th. Klauser», Münster 1964, pp. 380–390 (= «Jahrbuch für Antike und Christentum» Erg.-Bd. I).

P. Wendland, *Neu entdeckte Fragmente Philos nebst einer Untersuchung über die ursprüngliche Gestalt der Schrift De Sacrificiis Abelis et Caini*, Berlin 1891. Voir aussi sous L. Cohn.

G. (*ou* W.) Wilbrand, *S. Ambrosius quos auctores quaeque exemplaria in epistulis componendis secutus sit (commentatio philologica)*, Diss. Münster 1909.

– – *Ambrosius und der Kommentar des Origenes zum Römerbriefe*, dans «Biblische Zeitschrift» 8 (1910) pp. 26–32.

– – *Ambrosius und Plato*, dans «Römische Quartalschrift» 25 (1911) pp. *42–*49.

R. Williamson, *Philo and the Epistle to the Hebrews*, Leiden 1970 («Arbeiten zur Literatur und Geschichte des hellenistischen Judentums» 4).

# INDEX COMPARATIF DES LIEUX PARALLÈLES DE PHILON ET D'AMBROISE *

## I. DANS LE SENS PHILON-AMBROISE

*Abr.* 7–59 (= *Par.* 3, 18–23): pp. 57-58
*Cher.* 125 (= *Cain* I, 1, 2): p. 31
*Leg.* I, 66 (= *Abrah.* I, 9, 87): p. 61
   I, 68 (= *Par.* 3, 16): pp. 55–56
   I, 69 (= *Par.* 3, 17): p. 56
   I, 72 (= *Par.* 3, 18): p. 57 et n. 2
      (= *Abrah.* I, 9, 87): p. 62
   III, 38 (= *Abrah.* I, 7, 60): p. 62

*Mutat.* 61 et 66 (= *Abrah.* I, 4, 27):
      p. 60
   77–78 (= *Abrah.* I, 4, 31): p. 61

*Prof.* 16 (= *Epist.* 4 (27), 7): p. 50
   44 (= *Fuga* 5, 26): p. 50
   45 (= *Fuga* 4, 21): p. 50
   50 (= *Fuga* 4, 20): p. 49
   52 (= *Fuga* 4, 21–22): p. 50
   89 (= *Fuga* 2, 7): p. 50
   95 (= *Fuga* 2, 9): p. 50
   97 (= *Fuga* 2, 10): p. 50
   117 (= *Fuga* 2, 13): p. 50
   127–128 (= *Fuga* 8, 47): p. 50
   128 (= *Fuga* 8, 47): p. 51
   134 (= *Epist.* 8 (Maur.), 2 et 4):
      p. 50
   136 (= *Epist.* 8 (Maur.), 3): p. 51
   139 (= *Epist.* 8 (Maur.), 7): p. 50
   188–195 (= *Isaac* I, 2): p. 85 (n. 2)

*Quaest.* I, 12 (= *Par.* 3, 16): pp. 55–56
      (= *Abrah.* I, 9, 87): p. 61
   I, 13 (= *Par.* 3, 18): p. 56
   I, 14 (= *Par.* 4, 25): pp. 58–59
   I, 58 (= *Cain* I, 1, 2): p. 31
   I, 88 (= *Noe* 2, 3–5): pp. 40-41
   I, 99 (= *Noe* 5, 12): p. 21 (n. 2)
   II, 6 (= *Noe* 8, 24): p. 28 (n. 7)
   II, 12 (= *Noe* 12, 39): pp. 94-95
   II, 13 (= *Noe* 13, 42): p. 26 (n.5)
   II, 14 (= *Noe* 13, 44): p. 26 (n.5)
   II, 15 (= *Noe* 13, 46): pp.95–96
   II, 17 (= *Noe* 14, 48): pp. 98–
      100 (cit. bibl.)
      (= *Noe* 14, 48: cf. 17, 60):
      p. 29 (n. 1)
   II, 19 (= *Noe* 15, 50): p. 26 (n.5)
   II, 24 (= *Noe* 15, 54): p. 21
      (n. 2)
   II, 45 et 47 (= *Noe* 20, 71):
      pp. 97–98 (cit. bibl.)
   II, 55 (= *Noe* 23, 82–85): p. 26
      (n. 5)
   II, 58 (= *Noe* 25, 89): p. 28
      (n. 3)
   II, 60 (= *Noe* 26, 94–96): p. 26
      (n. 5)
   II, 62 (= *Noe* 26, 99): p. 27 (n. 4)

---

* Ne sont mentionnés dans ce répertoire que les passages ayant fait l'objet d'une comparaison formelle à l'intérieur de cette étude.

## II. DANS LE SENS AMBROISE-PHILON

# INDEX DES CITATIONS PATRISTIQUES

* Abstraction faite des Traités ou Lettres exégétiques sur le Pentateuque.